ナショナル ジオグラフィック
世界の美しい聖地

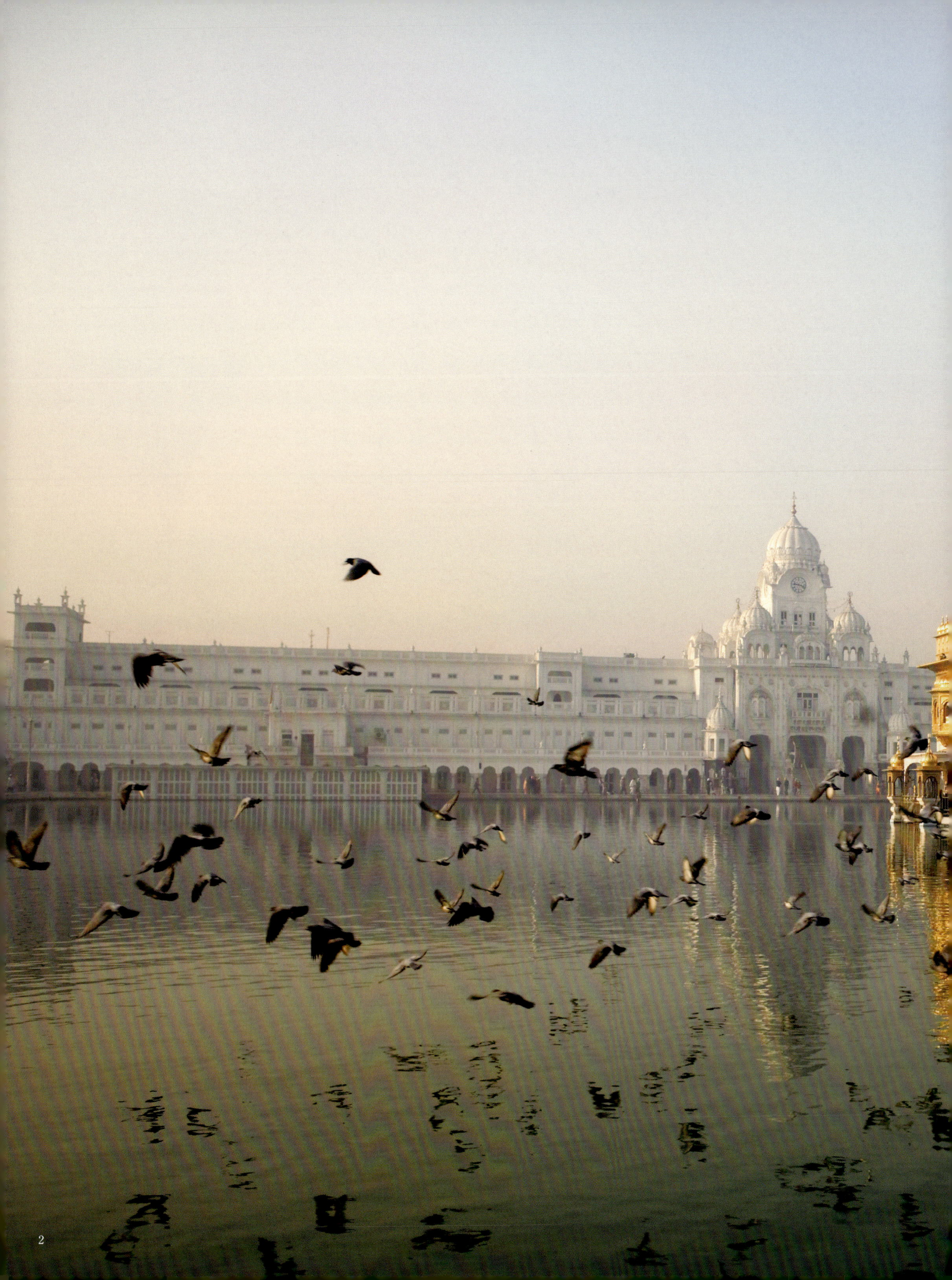

はじめに

「聖地」と呼ばれる場所は、人の営みがある場所に、つねに存在しています。場所そのものが聖地とされたり、神や人への崇敬が形をとったり、来歴も姿もさまざまな聖地が世界中に存在しているのです。

本書ではそうした聖地のなかから、見応えのある50カ所を選びました。例えば、言わずと知れたカトリックの総本山、バチカンのサン・ピエトロ大聖堂は誰もが思いつく場所でしょう。町全体が芸術品といってもいい絢爛たる聖地は、見飽きるということがありません。

また、ミャンマーのゴールデンロックは、どうしてその姿勢で止まっていられるのかが不思議な大岩です。参拝者が貼った金箔が輝くさまは、遠目にもはっきりとわかるほど際だっています。

あるいは、断崖絶壁に死者を祭るという習慣が、インドネシアとトルコの両方で見られますが、その表現は面白いほどに違います。

中世から巡礼が訪れた修道院のモン・サン・ミシェル、紀元70年に破壊された神殿の一部が残った嘆きの壁、古代の繁栄が伝わるペトラの壮麗な神殿遺跡。

本書に収録したどの聖地も、訪ねる人の心を打つような美しさをもっています。ページをめくれば、世界の聖地を巡礼している気分になれることでしょう。

3 はじめに

CHAPTER 1
6 伝説の地と信仰の始まり
- 8 神殿の丘（イスラエル）
- 12 アトス山（ギリシャ）
- 16 バガン（ミャンマー）
- 20 ジョカン寺（中国チベット自治区）
- 22 ペトラ（ヨルダン）
- 25 ハンピ（インド）
- 28 アーヘン大聖堂（ドイツ）

CHAPTER 2
32 日々の祈りの場
- 34 花の聖母マリア大聖堂（イタリア）
- 38 ケルアンの大モスク（チュニジア）
- 40 懸空寺（中国）
- 42 平和の聖母大聖堂（コートジボワール）
- 44 ウェストミンスター寺院（英国）
- 46 ブコビナの修道院群（ルーマニア）
- 49 ブダペストの大シナゴーグ（ハンガリー）
- 52 キジ島の木造教会群（ロシア）
- 54 タクツァン僧院（ブータン）
- 56 スルタン・アフメト・モスク（トルコ）
- 60 マハーバリプラムの海岸寺院（インド）

CHAPTER 3
64 神が宿る場所
- 66 サン・ピエトロ大聖堂（バチカン市国）
- 70 サン・ビターレ聖堂（イタリア）
- 72 ワット・プラ・ケオ（タイ）
- 75 ウマイヤド・モスク（シリア）
- 78 グアダルーペの聖母大聖堂（メキシコ）
- 80 アムリトサルの黄金寺院（インド）
- 84 ブサキ寺院（インドネシア）

CHAPTER 4
88 巡礼の徒と修道の徒
- 90 聖カタリナ修道院（エジプト）
- 93 ラブラン寺（中国）
- 96 メッカ（サウジアラビア）
- 100 モン・サン・ミッシェル（フランス）
- 102 ラリベラの岩窟教会群（エチオピア）
- 105 シャルトル大聖堂（フランス）
- 108 サンティアゴ・デ・コンポステーラと巡礼路（スペイン）

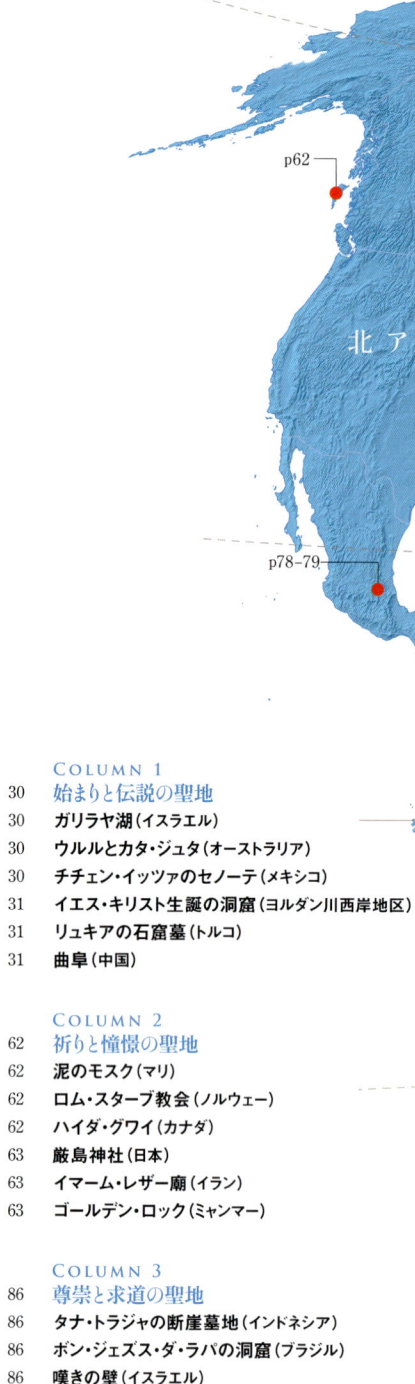

COLUMN 1
- 30 始まりと伝説の聖地
- 30 ガリラヤ湖（イスラエル）
- 30 ウルルとカタ・ジュタ（オーストラリア）
- 30 チチェン・イッツァのセノーテ（メキシコ）
- 31 イエス・キリスト生誕の洞窟（ヨルダン川西岸地区）
- 31 リュキアの石窟墓（トルコ）
- 31 曲阜（中国）

COLUMN 2
- 62 祈りと憧憬の聖地
- 62 泥のモスク（マリ）
- 62 ロム・スターブ教会（ノルウェー）
- 62 ハイダ・グワイ（カナダ）
- 63 厳島神社（日本）
- 63 イマーム・レザー廟（イラン）
- 63 ゴールデン・ロック（ミャンマー）

COLUMN 3
- 86 尊崇と求道の聖地
- 86 タナ・トラジャの断崖墓地（インドネシア）
- 86 ボン・ジェズス・ダ・ラパの洞窟（ブラジル）
- 86 嘆きの壁（イスラエル）
- 87 仏歯寺（スリランカ）
- 87 トローイツェ・セルギエフ修道院（ロシア）
- 87 サントノラ島（フランス）

北極海

ヨーロッパ

アジア

太平洋

アフリカ

インド洋

オーストラリア

南極大陸

p62
p52-53
p87
p44-45
p28-29
p100-101
p70-71
p49-51
p105-107
p87
p46-48
p40-41
p108-111
p32-33, 34-37
p56-59
p63
p93-95
p38-39
p12-15
p75-77
p31
p20-21
p31
p64-65, 66-69
p30
p63
p8-11, 31, 86
p80-83
p22-24
p54-55
p88-89, 90-92
p96-99
p6-7, 16-19
p62
p25-27
p60-61
p63
p102-104
p72-74
p42-43
p87
p86
p84-85
p30

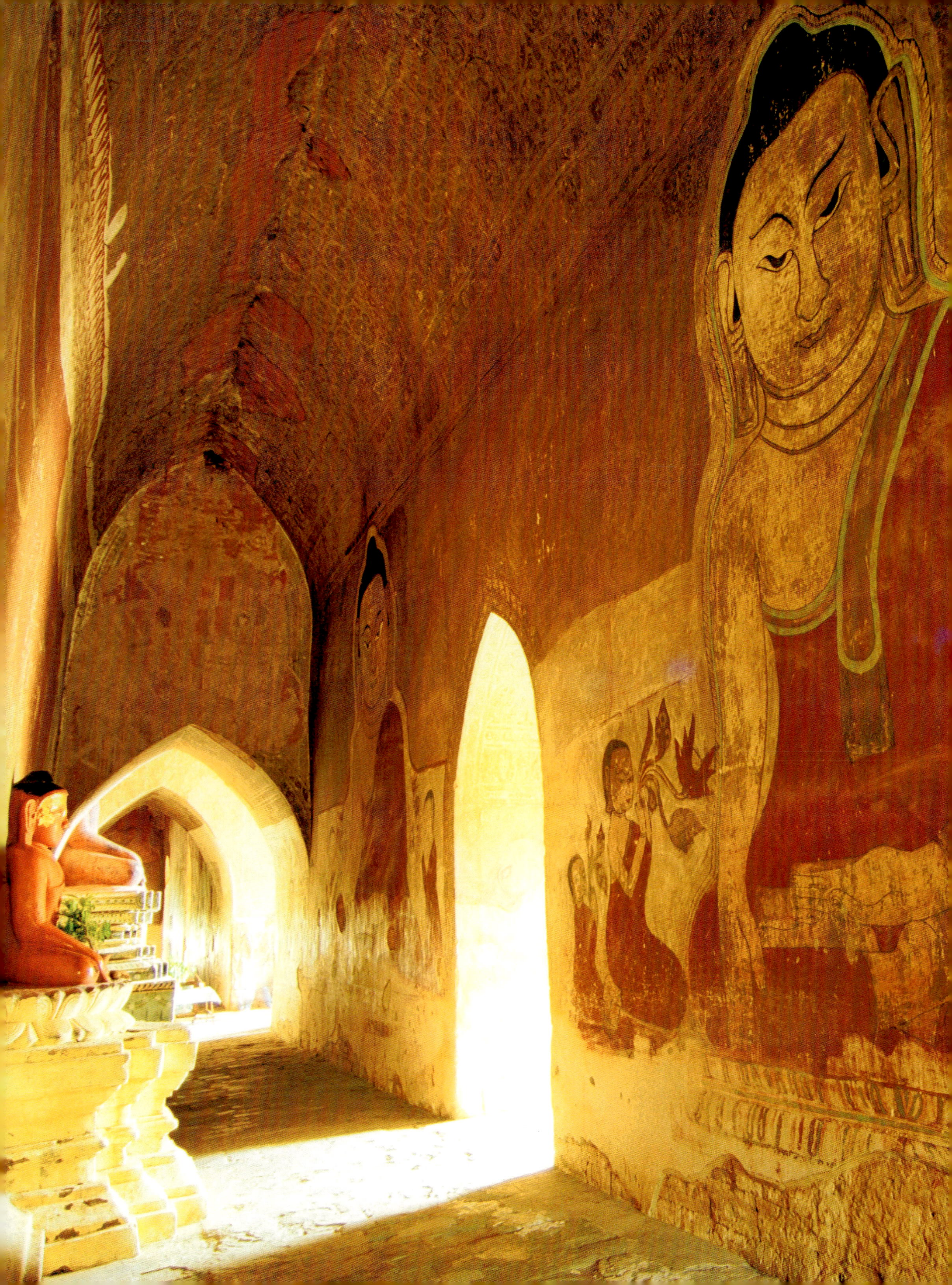

左　ミャンマー、パガンに立つ寺院の回廊。

CHAPTER 1
伝説の地と
信仰の始まり

　ある人々や文明が歴史のなかに消えてしまい、伝説として語り継がれた聖地だけが残っていることがあります。

　また信仰が生まれるときや、神聖なことがらの始まりについて、重要な役割を果たす場所があります。こうした場所は後にひとつの出発点と考えられ、伝説の地として大切に受け継がれてきました。例えばユダヤ教、キリスト教、イスラム教が聖地としている神殿の丘などです。

　このような始まりの場所は、後の時代の聖地よりも素朴な美をたたえています。

THE TEMPLE MOUNT
三大宗教の聖地

神殿の丘（イスラエル）

　神殿の丘はエルサレム旧市街地の中心に位置し、長く複雑な歴史をもつ街を静かに見下ろしている。ここはユダヤ教、キリスト教、イスラム教の聖地だ。

　丘の中心には聖なる岩があり、旧約聖書に登場するアブラハムが息子イサクを神への生け贄（いにえ）にしようとした場所だといわれる。またここは、十戒を刻んだ石板を収めた「契約の箱」を安置するため、古代イスラエルのソロモン王が神殿を建てた場所でもあるという。

　イスラム教では聖なる岩から開祖ムハンマドが天に昇ったと伝わる。638年にイスラム勢力がエルサレムを支配すると、聖なる岩の周りに金色の屋根をもつ岩のドームを築いた。1035年には南側にアルアクサ・モスクも完成した。現在も神殿の丘はイスラム教の管理下にある。

東側のオリーブ山から見たエルサレム旧市街。神殿の丘の中心に、黄金色に輝く岩のドームが見える。

ドーム内部の聖なる岩は、アブラハムが息子を生け贄にしようとした場所とも、ムハンマドが昇天した場所とも伝えられる。

Chapter 1　伝説と始まりの地

岩のドームの外壁を飾る、色彩豊かなアラビア文字やモザイクの幾何学模様。

神殿の丘の南側に立つアルアクサ・モスクは、1035年に完成した。

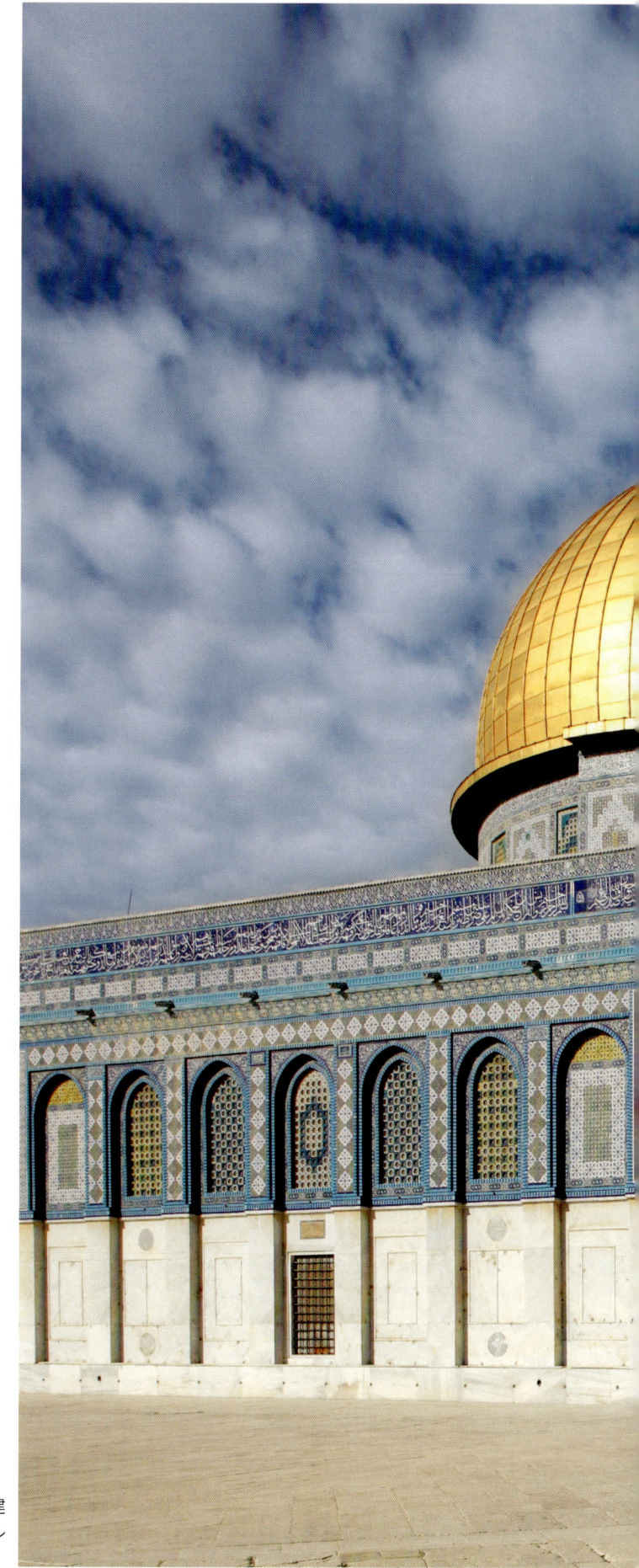

岩のドームは現存する最古のイスラム建築。黄金に覆われた屋根は街のシンボルとなっている。

Chapter 1 伝説と始まりの地

MOUNT ATHOS

修道士が自治を行う聖山アトス

アトス山（ギリシャ）

　ギリシャの北部、エーゲ海に突き出た半島に、人里離れた聖地がある。潮風を受けながらフェリーで近づくと、標高約2000メートルのアトス山が姿を現す。ギリシャ正教の修道院が20カ所も点在するこの領域は、ギリシャ政府より自治を認められた修道院の共同体で、アトス自治修道院共和国と称する。最初の修道院が創建されたのは963年。以来、修道士たちは祈りと労働の生活を送ってきた。

　毎朝3時に鳴り響く木槌（きづち）の音で、一日が始まる。共同浴場で水のシャワーを浴びて、身支度を整える。礼拝堂では聖歌隊が聖歌を詠唱し、ステンドグラスから差し込む朝の光が堂内を満たしていく――。穏やかな隠遁（いんとん）生活が今なお続く場所がエーゲ海の岸辺にある。

アトス山は女人禁制の規律があり、巡礼者も男性に限られる。

エーゲ海を一望できる険しい崖の中腹に
建てられたシモノペトラ修道院。

Chapter 1　伝説と始まりの地　13

エスフィグメヌ修道院には、14世紀にコンスタンティノープルの総主教アタナシオス1世が一時期滞在していた。

アトス山の修道院には膨大な聖画や壁画、彩色写本があることでも知られている。

ゾクラフウ修道院は、9世紀末から10世紀初頭にかけて創設された。

首都カリエスの街角に、穏やかな陽光が降り注ぐ。

Chapter 1　伝説と始まりの地

BAGAN

見渡す限りの仏塔と寺院

パガン（ミャンマー）

　ミャンマーを南北に流れるイラワジ（エーヤワディー）川中流域の緑豊かな平野には、2000を超す寺院やパゴダ（仏塔）が林立している。

　これらの仏教建築はビルマ人最古の王朝、パガン王朝時代のもの。11〜13世紀頃、当時の都パガン（現在のバガン）付近の一帯につくられた。当時のパガンでは上座部仏教が盛んで、南アジア全域から僧侶が集まり、仏教を学ぶ場として大いに栄えた。その後、失われた寺院もあるが、現存する寺院では今でも信者が手向ける線香の煙が絶えない。

　中でも、黄金の仏舎利塔をもつシュエジーゴン・パゴダは、現在パガンで最も重要な仏教信仰の場となっている。またパガン最大規模の寺院、アーナンダ寺院は、本堂にある高さ9メートルの4体の仏像が人々を引き付けている。

シュエジーゴン・パゴダの黄金に輝く仏舎利塔は、スリランカにある聖なる宝、仏歯の複製を安置するためにつくられた。

赤レンガを積み上げた11〜13世紀の寺院群が、見渡す限り平野に点在している。

Chapter 1　伝説と始まりの地

パガンの仏像は、右手指が地面に触れている「触地印」のポーズをとるものが多い。

パガンの中で最も装飾が美しいといわれるアーナンダ寺院。内部には高さ9メートルの黄金の仏像4体を祭る。

Chapter 1 伝説と始まりの地

JOKHANG TEMPLE
チベット仏教の魂

ジョカン寺（中国チベット自治区）

　ジョカン寺（大昭寺）はチベット仏教で最も神聖な寺院だ。1000年以上の歴史をもつ巡礼の聖地で、正門前では、大勢の信者が体を地面に投げ出して祈る五体投地を行っている。数知れぬ信者の祈りによって、敷石はすでに滑らかだ。信者の中にはチベット自治区の中心地、ラサの旧市街にあるこの地まで、道中を五体投地で進むという過酷な巡礼を行う人もいる。

　中に入ると、カルマ（業）を清めるためのマニ車が寺を囲むように並ぶ。

　薄暗い寺院では、ヤクのバターで灯す明かりが揺らめいている。本堂にある本尊は、7世紀にソンツェン・ガンポ王に嫁した唐の皇女、文成公主が唐から持参した。宝石と金箔のきらめく仏像は、12歳の釈迦牟尼とされ、チベットで最も尊ばれている。

寺院の屋根を見学すると、黄金の鐘楼と、2頭の黄金のシカを両脇に置く法輪が間近に見える。

寺院の内部では、ヤクの油から作られたろうそくの光がゆらゆらと揺れる。

チベット仏教の魂といえるこの寺には、毎日数百人もの巡礼が訪れる。入り口や中庭では多くの熱心な信者が五体投地を行っている。

Chapter 1　伝説と始まりの地

PETRA
断崖に刻まれた都

ペトラ（ヨルダン）

　断崖に刻まれた都、ペトラに至るには、砂漠の中のシク（峡谷）を通り抜けていく。高さ80メートルもの絶壁に挟まれた道を抜けると、崖に彫られたエル・カズネ（宝物殿）の威容が目に飛び込んでくる。高さ40メートルを超える巨大なファサードは、峡谷の砂岩の色である美しいバラ色だ。

　峡谷沿いには岩を削り出した多くの墳墓や、水の妖精に捧げられた巨大な噴水が残る。峡谷のはるか最上部には、ナバテアの天の神ドゥシュラを祭る神殿エド・ディルがバラ色の都を見下ろしている。

　ペトラは2000年前に定住した遊牧民族、ナバテア人が築いた通商都市だ。香辛料を中心とした陸上交易で栄えたが、交易ルートの変遷により衰退し、13世紀には廃墟となった。

ペトラの遠景。ヨルダンの砂漠の中に、砂岩の岩盤に彫り込まれた神殿や墓が残る。左下にローマ風の円形劇場がある。

エルカズネ（宝物殿）は、ナバテアの王の墳墓としてつくられた。光の加減で、砂岩のバラ色は一日のうちに何通りにも美しく変化する。

神殿とも修道院ともいわれるエド・ディルは、ペトラ最大の建造物だ。

峡谷沿いに歩いていくと、崖をくり抜いてつくった墳墓群が見られる。

キリスト教の影響が見られる、ビザンティン様式のモザイク画。

HAMPI
巨石が転がる、かつての王都

ハンピ（インド）

　デカン高原にあるハンピには、巨大な岩だらけの荒れ地に寺院や宮殿の遺構がいくつも点在する。ここはかつてビジャヤナガル王国の首都として200年間栄えた地だ。16世紀にムガール人（インドのイスラム教徒）の連合勢力に侵略され、廃墟となった。王が逃げた後に残された宮殿やヒンドゥー教寺院、ジャイナ教寺院は次第に風化していったが、遺構は当時の栄華を伝えている。

　中でも立派な建物は、15世紀に建てられたビッタラ寺院だ。外壁には王の軍隊や踊り子の彫刻が施され、内側には柱の並ぶ壮麗な大広間がある。本堂の外にある石づくりの山車型寺院も必見だ。また、ハンピ最古のビルパークシャ寺院には巨大な塔門があり、見る者を圧倒する。

巨大な岩の間から、ハンピのシンボル、ビルパークシャ寺院の塔門が見える。今も信者が参拝する生きた寺院だ。

ビッタラ寺院の境内には、車輪をもち、ゾウが引っぱる形が特徴的な石づくりの山車型寺院がある。

ビッタラ寺院の大広間には、たたくとさまざまな音が出る56本の柱があり、音楽を奏でる柱と呼ばれている。

王宮地区には精巧な彫刻壁や、王族のゾウを飼っていた巨大なゾウ舎があり、王都の繁栄をうかがわせる。

AACHEN CATHEDRAL
神聖ローマ帝国の始まりを告げた

アーヘン大聖堂（ドイツ）

　アーヘン大聖堂は「皇帝の大聖堂」と呼ばれ、西ローマ皇帝として戴冠したカール大帝の玉座が置かれている。歴代の神聖ローマ帝国皇帝はここで戴冠式を行い、戴冠後に玉座を降りて臣下に威を示したという。

　アーヘン大聖堂は、カール大帝が786年から建設を始めた宮殿教会を起源とし、ヨーロッパ北部で最古のキリスト教の大聖堂でもある。カロリング朝建築の傑作である宮殿教会を中心に増築を重ねてきた結果、大聖堂にはさまざまな建築様式が混在する。

　見どころはいくつもあるが、出色なのは荘厳な八角形の礼拝堂だ。高さ32メートルの丸天井はモザイク画と金で装飾され、かつてヨーロッパ随一の高さを誇った。カール大帝の棺はここに安置されている。

長い歴史をもつアーヘン大聖堂は、巡礼者の増加にともない拡張が繰り返されたため、さまざまな建築様式が混在している。

聖堂内には大理石でつくられたカール大帝の玉座が置かれている。

カール大帝の石棺が置かれる八角形の礼拝堂。天井には、キリスト教の世界観を表す荘厳なモザイク画が施されている。

Chapter 1　伝説と始まりの地　29

COLUMN 1　始まりと伝説の聖地

SEA OF GALILEE
イエス伝道の地 ガリラヤ湖
（イスラエル）

　イスラエル最大の淡水湖であるガリラヤ湖は、イエスがキリスト教を布教した舞台として知られる。新約聖書によれば、漁師のペテロ、アンデレ、ヨハネ、ヤコブはここで弟子になった。山上の垂訓を行ったのも、5000人に食べ物を用意する奇跡を起こしたのも、この地だった。

　ここは湖を「ティベリアス湖」と呼ぶユダヤ教徒にとっても重要な土地で、ここで最初のタルムード（聖典）が編さんされ、2世紀から中世にいたるまで文化の中心地だった。

ULURU & KATA TJUTA
聖なる岩山 ウルルとカタ・ジュタ
（オーストラリア）

　砂漠の真ん中に巨大な一枚岩、ウルルがそびえ立つ。「エアーズロック」の名でも知られ、3億から4億年ほど前に地表に突出した砂岩層の一部だと考えられている。36の赤い岩、カタ・ジュタとともに、先住民アボリジニのアナング族にとって、祖先から受け継ぎ、子孫へ伝えるべき聖地だ。

　ウルルの岩肌には、ヘビの精霊が戦った跡といわれる筋がある。伝説では、ニシキヘビ女のクニアが毒ヘビ男のリルを倒し、今でも水場を守っているという。

SACRED CENOTE
チチェン・イッツァのセノーテ
（メキシコ）

　マヤ文明を代表する都市遺跡チチェン・イッツァは1000年以上も前に築かれた。遺跡には「生けにえの泉」と伝えられる聖なる泉があり、直径60メートルにもなる穴が水をたたえている。これはユカタン半島に多い地下水を水源とする泉で、セノーテと呼ばれている。

　マヤの部族、イッツァはセノーテを雨と雷の神チャークがすむ地下世界への入り口と考えていた。人々は神への供物として、黄金の宝物や、時には人間を生きたまま投げ込んだという。

CAVE OF THE NATIVITY
イエス・キリスト生誕の洞窟
(ヨルダン川西岸地区)

　生誕教会の小さな入り口「謙遜のドア」をくぐり、地下へ降りていくと、洞窟に至る。
　2000年以上前にイエス・キリストが生まれた場所は、かつて馬小屋として使われていたこの洞窟だと伝えられている。現在は敬虔(けい)(けん)な信者の手によって祭壇が築かれ、マリアやヨセフ、キリストを称えるろうそくが灯される。干し草の代わりに大理石の床が敷かれ、イエスが生まれたとされる場所には、まぐさ桶(おけ)の代わりに銀色の星が据えられている。

LYCIA ROCK TOMBS
リュキアの石窟墓
(トルコ)

　紀元前1500年頃、アナトリア南西部に40余りの都市国家をつくった海の民リュキア人は、生前から墓づくりに情熱を燃やす独特の文化をもっていた。彼らは先祖崇拝を原動力に、死者が生者のそばにいられるようにと都市の中に多くの墓をつくった。
　墓は地中海に面した崖の側面に掘られ、長方形の穴が開いているだけのものから、ファサードのある神殿風のものまで、さまざまだ。中でもミラにある墓は壮観で、絶壁が墓の集合住宅のようになっている。

QUFU
孔子のふるさと 曲阜
(中国)

　儒教の祖である偉大な思想家、孔子への尊敬は信仰となり、孔子を祭るための孔廟は聖地となった。孔子が生まれた曲阜(きょくふ)には、子孫の住む孔府や一族の墓地である孔林があるが、孔廟は格別に壮大な建築物だ。歴代の皇帝による保護のもと、増改築を繰り返し、中国では紫禁城に次ぐ規模の宮殿建築となった。
　孔子をたたえる儀式に使われた大成殿の正面に並ぶ柱は、皇帝の宮殿の柱よりもすばらしいといわれ、皇帝が訪れた際は布で覆い隠したという。

POTESTATES

左　イタリア、フィレンツェの花の聖母マリア大聖堂に付属する、サン・ジョバンニ礼拝堂。

CHAPTER 2
日々の祈りの場

　祈りを捧げる場所は、壮大な建造物であっても、日常生活のかたわらにあるささやかな場所であっても、神聖な場所であることには変わりありません。世界のさまざまな場所に、さまざまな意匠を凝らした、祈りの場が存在しています。

　釘を1本も使わずに建てられた木造教会や、世界最古のやや太めのミナレットをもつモスク、断崖絶壁に建てられた寺など、世界には特色ある祈りの場が数多くあります。

　そしていずれもが、いまなお人々の大切な祈りの場として機能しているのです。

BASILICA OF SAINT MARY OF THE FLOWER

ルネサンスの宗教美術の結晶

花の聖母マリア大聖堂（イタリア）

　カトリックの大司教座が置かれている花の聖母マリア大聖堂は、フィレンツェのシンボルだ。フィレンツェの人々から「ドゥオーモ（大聖堂）」の名で親しまれている。

　大聖堂は13世紀後半から15世紀中頃まで、長い時間をかけて建設された。完成までには、ジョット、ブルネレスキ、ドナテッロ、ギルランダイオなど、イタリア・ルネサンスを代表する多くの画家や彫刻家、建築家が携わっている。まさにキリスト教の宗教美術の宝庫だ。

　白を基調に、赤や緑の大理石で装飾された大聖堂の白眉は、優美な曲線を描く巨大な円天蓋（えんてんがい）だ。屋根部分は長い間、手つかずだったが、ブルネレスキの設計で完成した。天井の「最後の審判」のフレスコ画が神々しい。

ブルネレスキが設計した大聖堂の円天蓋は、花の都のどこからでも見えるという。

赤、緑、白の大理石でできたファサードは幾何学模様の精巧な彫刻で覆われ、ところどころに聖人像が埋め込まれている。

大聖堂の円天蓋に描かれた「最後の審判」のフレスコ画は、信者に神への畏怖を伝えるために描かれた。

Chapter 2　日々の祈りの場　35

サン・ジョバンニ洗礼堂にはミケランジェロが「天国の扉」と讃えた豪華な扉がある。ギベルティ作で、ブロンズに金を被せて聖書の場面を描いている。

大聖堂の内部の床には象眼細工の大理石が敷き詰められ、金めっきの柱頭をもつ円柱が並ぶ。

大聖堂の向かいにあるのは、「天国の扉」で有名な八角形のサン・ジョバンニ洗礼堂だ。

Chapter 2 日々の祈りの場

GREAT MOSQUE OF QAIROUAN

古式を伝える歴史あるモスク

ケルアンの大モスク（チュニジア）

　チュニジアの古都、ケルアンの大モスクは北アフリカ最大のイスラム寺院だ。ケルアンへ7回巡礼すれば、メッカへ巡礼したことに値するといわれ、多くの巡礼者が集まる。

　創建はイスラム教成立から間もない7世紀頃で、マグレブ（北西アフリカ）のイスラム化の拠点となった。730年に建築が始まったミナレット（礼拝の呼びかけを行う塔）は世界最古のもの。銃眼や矢狭間を備えた3層構造のミナレットと堅固な外壁をもつモスクは、まるで要塞のようだ。

　モスクに入ると白い大理石で覆われた中庭があり、三方を柱廊が囲む。礼拝堂に続く扉は精巧な寄木細工でできている。イスラム教徒以外は礼拝堂に入れないが、扉から中を見ることは許されている。

礼拝堂にはカルタゴなどの遺跡から流用した柱が多く使われている。

中庭を堅固な壁が囲み、後世のものに比べてどっしりとしたつくりのミナレットがそびえる。

モスクの中庭にある排水溝は大理石でできており、装飾が美しい。

Chapter 2　日々の祈りの場

Xuankong Temple
断崖に張りつく寺

懸空寺(中国)

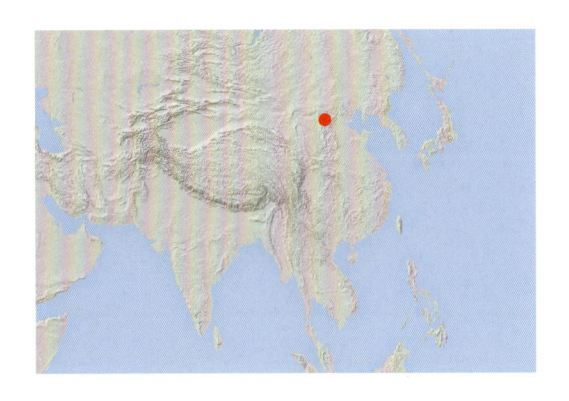

　絶壁の中腹に建てられた懸空寺は、その名の通り、まるで寺院が宙に浮いているかのように見える。

　断崖に張りついた楼閣と楼閣の間は木製の通路や階段で結ばれ、建物の下には細い柱が何本も伸びている。建物の主たる支えになっているのは柱ではなく、崖に深く差し込まれた横木のはりだ。崖から張り出した板の部分はぎしぎしときしむが、寺はこの構造で1500年以上も持ちこたえている。

　この寺には道教、仏教、儒教の三つの宗教が祭られている。40の祠堂があり、多くの塑像が置かれているが、中には老子、孔子、ブッダの像が一堂に並ぶ祠堂もある。その外観だけでなく、複数の宗教が同居するという意味でも大変珍しい寺院なのである。

建物と建物の間をつなぐ通路はぎしぎしときしみ、板のすき間から真下が見える。目がくらみそうになる絶景だ。

懸空寺は眼下に流れる川の氾濫を避けるため、崖の中腹に建てられた。

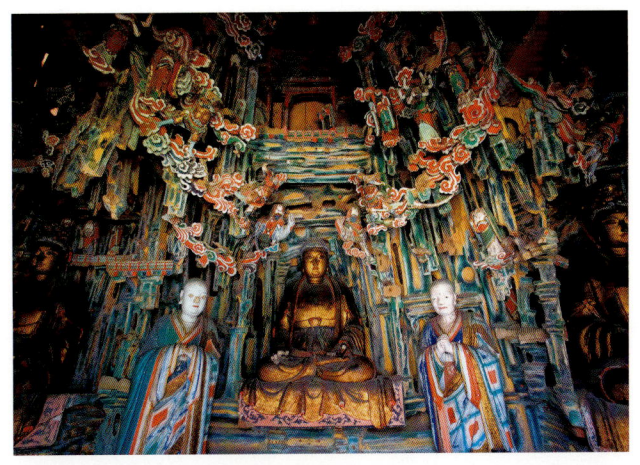

仏像を祭る祠堂には、線香の煙が漂う。

Chapter 2　日々の祈りの場

BASILICA OF OUR LADY OF PEACE
サン・ピエトロ大聖堂に比肩する

平和の聖母大聖堂（コートジボワール）

　世界一レベルの高さと大きさを誇る大聖堂は、西アフリカのコートジボワールにある。フェリクス・ウフエ・ボワニ元大統領が、30億ドルを投じて建てた、平和の聖母大聖堂だ。

　1990年、教皇ヨハネ・パウロ2世は、この大聖堂のモデルとなったサン・ピエトロ大聖堂より低くつくること、貧しい人のための病院を隣に建てることを条件に聖堂を認めた。実際には、先端の十字架を含めるとサン・ピエトロ大聖堂よりも高く、病院はまだ完成していない。

　聖堂の内部はモダンな36枚の大きな窓を覆うフランス製のステンドグラスが美しい。エアコンつきの円形の信徒席は7000人を収容でき、立ったままなら、さらに1万1000人も入れるほど広い。

平和の聖母大聖堂も、モデルとなったサン・ピエトロ大聖堂と同様に列柱の並ぶ楕円形の広場と巨大な円天蓋をもつ。

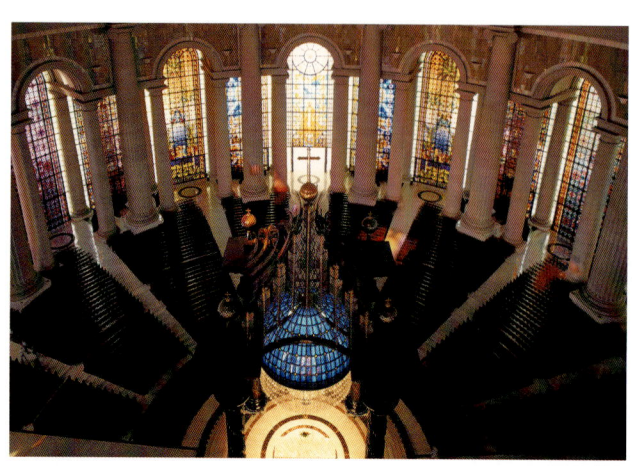

円形の信徒席は、中央の天蓋のある祭壇を向いている。

面積7400平方メートルにおよぶステンドグラスはフランス製だ。

WESTMINSTER ABBEY
英国王が眠る王室の教会

ウェストミンスター寺院（英国）

　ロンドン中心部にあるウェストミンスター寺院は、ヘンリー8世以来の、英国王を首長とする英国国教会の主要な教会だ。1000年近い歴史をもつこの教会には、イングランド、スコットランド、英国の17人の国王をはじめ、政治家や学者、芸術家など、多くの歴史上の重要人物が埋葬されている。また王室行事が行われるため王室の教会ともいわれ、1066年にウィリアム1世が戴冠して以来、王の戴冠式と王室の結婚式はここで行われてきた。

　その始まりは11世紀に設立された修道院で、13世紀にはヘンリー3世がフランスのゴシック様式を取り入れ、豪華絢爛な現在の建物の建設を始めた。アーチ型の天井は英国で最も高く、天に向かって人々の祈りを届けるかのようだ。

ゴシック様式の建物は国会議事堂の向かい、テムズ川近くに立っている。

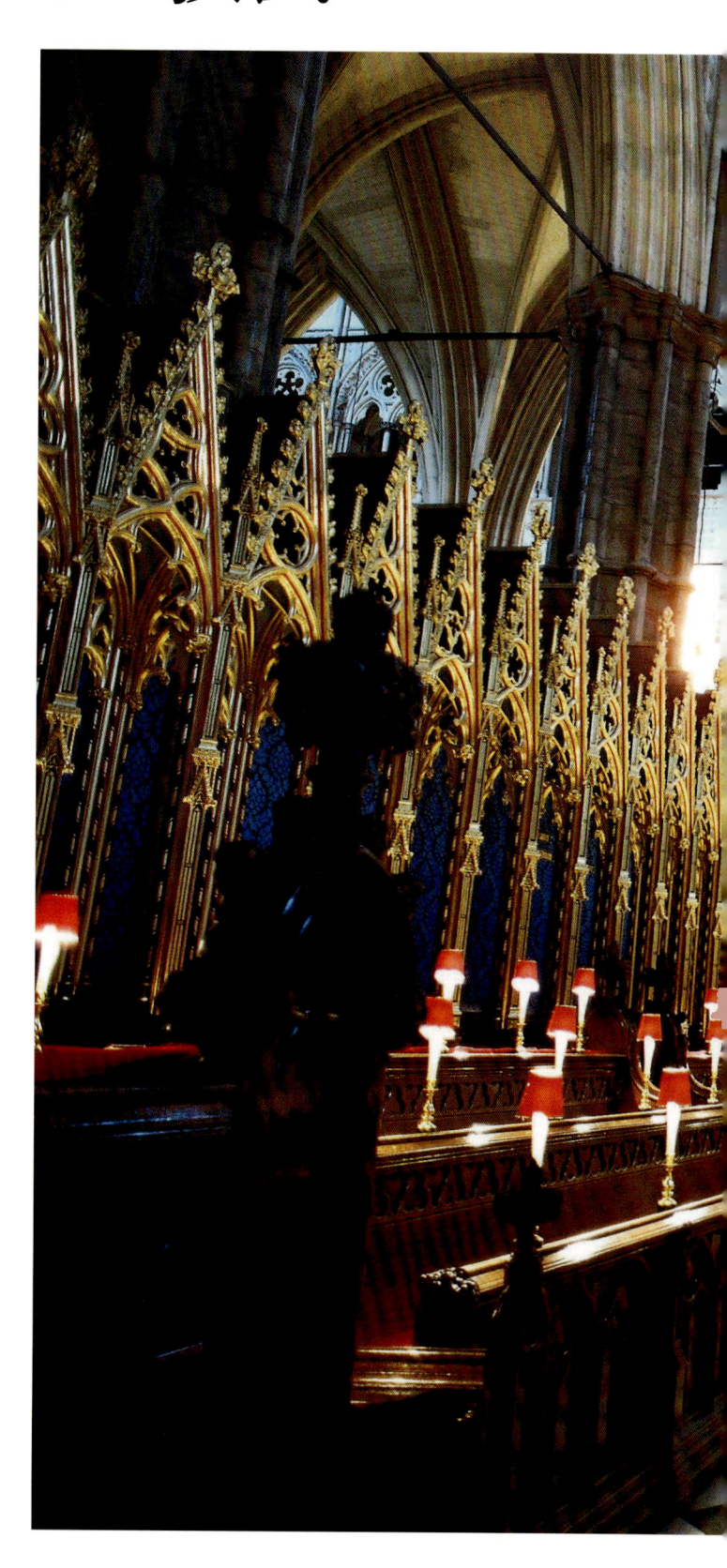

内部は、英国で最も高いゴシック式のアーチ型天井が豪華な空間だ。

Chapter 2　日々の祈りの場

CHURCHES OF BUCOVINA
聖画で埋めつくされた修道院

ブコビナの修道院群（ルーマニア）

　修道院の建物の外壁が、「最後の審判」など聖書の場面を描いた絵画で埋めつくされている。ルーマニア東北部、北モルダビアともいわれる辺境のブコビナ地方には、このような壁画を特徴とするルーマニア正教の修道院がいくつも残されている。その多くは16世紀に、イスラム教の大国オスマン・トルコの侵攻に屈さず、キリスト教の信仰を守るために建てられた。

　中でも見事なのは、「東のシスティーナ礼拝堂」と呼ばれるボロネツ修道院の壁画だ。この修道院は、1488年、オスマン・トルコとの戦いに勝利したことを記念して、モルドバ公国のシュテファン大公が創建した。青を基調とした色鮮やかなフレスコ画が建物の内外を飾る。

ボロネツ修道院の西の外壁には「最後の審判」の絵が、南面にはイエスの家系図「エッサイの木」が描かれている。

「最後の審判」のフレスコ画では、地獄の業火を表す赤色と「ボロネツの青」と呼ばれる青色が鮮やかなコントラストをなす。

数あるブコビナの修道院の中で、内部の装飾が随一と評価されるのが、モルドビツァ修道院だ。

スチェビツァ修道院は、この修道院群の中でも規模が大きい女子修道院だ。

GREAT SYNAGOGUE OF BUDAPEST

ヨーロッパ最大のシナゴーグ

ブダペストの大シナゴーグ（ハンガリー）

　中欧のシナゴーグ（ユダヤ教の礼拝所）では、過去に受けた迫害の爪痕を思わずにはいられない。しかし平和の象徴として新たに修復されたブダペストの大シナゴーグは、壮麗で静かなたたずまいを見せる。

　この大シナゴーグ（ドハーニ街のシナゴーグ）は、1854年から1859年にかけて、ユダヤ人の社会進出が著しい時期につくられた。2964人分の信徒席を備える、今もヨーロッパで最大のシナゴーグだ。しかし1920年代になると、右翼政権下でユダヤ人への弾圧が厳しくなり、やがてナチスドイツによる迫害が始まる。ブダペスト解放を目的にソ連軍が侵攻したとき、空爆で大シナゴーグは破壊された。改修が始まったのは1989年、戦後にできた共産政権が倒れてからだった。

イスラム文化の影響を受けたムーア様式とビザンティン様式を折衷した大シナゴーグ。

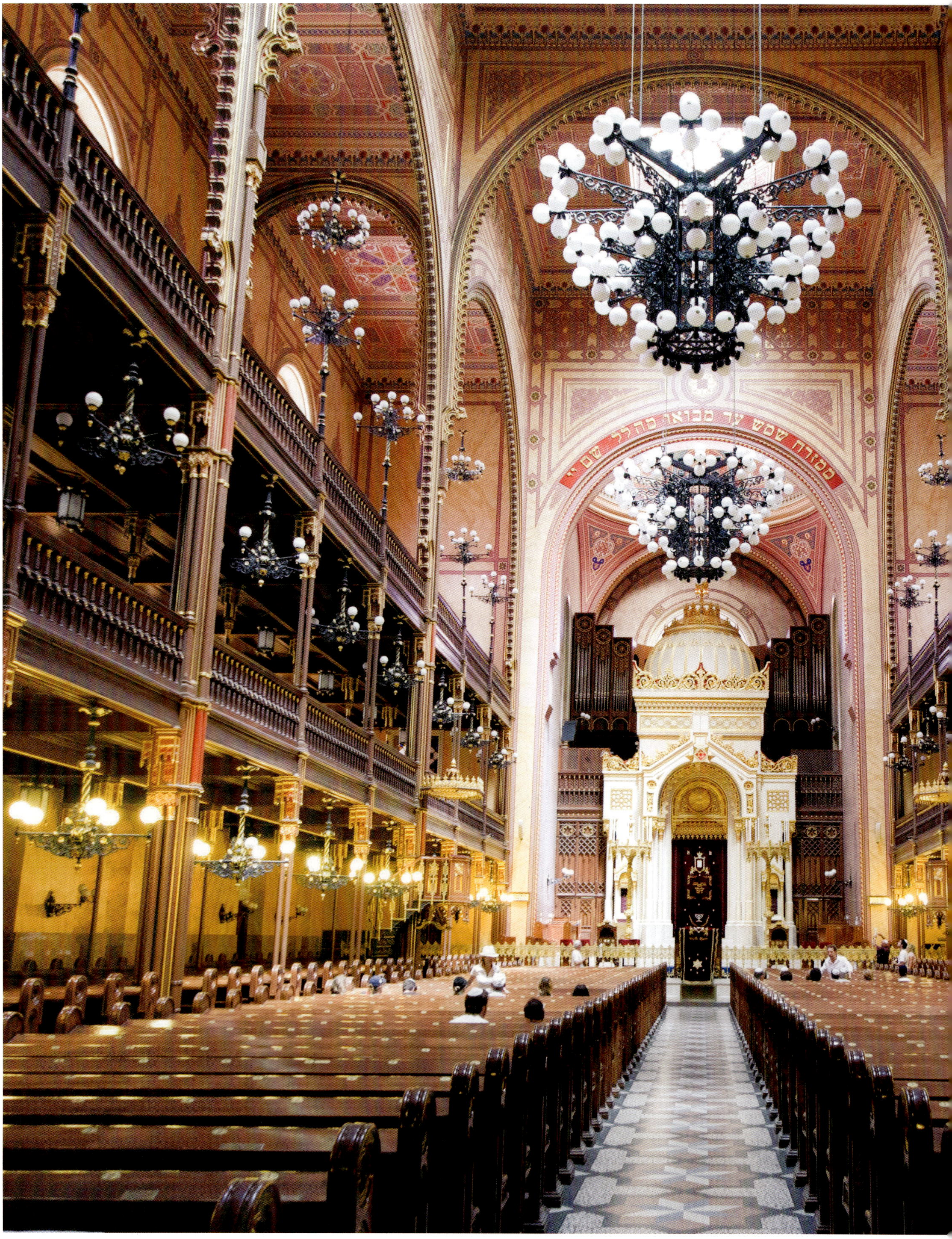
ממזרח שמש עד מבואו מהלל שם יי

屋外の公園には、ホロコーストの記念碑「生命の木」がある。シダレヤナギの形をした金属製で、犠牲者の名前が葉に刻まれている。

内部は長さ75メートル、幅25メートルと広く、内装も豪華。ユダヤ教の中でも改革派のシナゴーグなのでオルガンがある。

Chapter 2　日々の祈りの場

KIZHI POGOST

木造教会の最高峰

キジ島の木造教会群（ロシア）

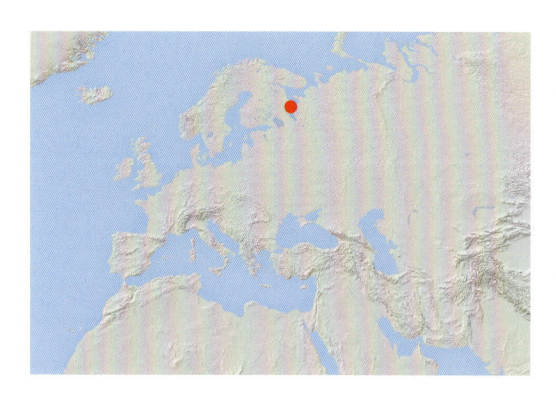

ロシアのオネガ湖に浮かぶ小さな島、キジ島には、ロシア屈指の木造教会群が残る。中でも見事なのは、1714年に完成したプレオブラジェンスカヤ教会（救世主顕栄聖堂）だ。この教会は、玉ねぎ型のドームが22個も重なる華麗な造形の屋根を含め、すべてが木でできている。高さ37メートルのピラミッド状の建物は、八面体を三つ積み上げることで構成され、釘などの金属は一切使われていない。まさに、先住民のカレリア人の高度な木造建築技術と豊かな創造性のたまものだ。

ただ、この地方は冬の寒さが厳しく、大きい教会では暖房の効きが悪い。隣に立つ小さなポクローフスカヤ教会（生神女庇護聖堂）は、暖房効率の良い冬用の教会だ。

ドームの重なり合った二つの木造教会と、八角形の鐘楼が寄り添うように立っている。

ポクローフスカヤ教会の内部。17世紀から19世紀のイコンが集められた衝立（イコノスタス）で華麗に飾られている。

1本の釘も使わずに建てられた教会は、屋根も木で葺かれている。

Chapter 2　日々の祈りの場

Taktsang Monastery
ブータンの仏教伝来の地

タクツァン僧院（ブータン）

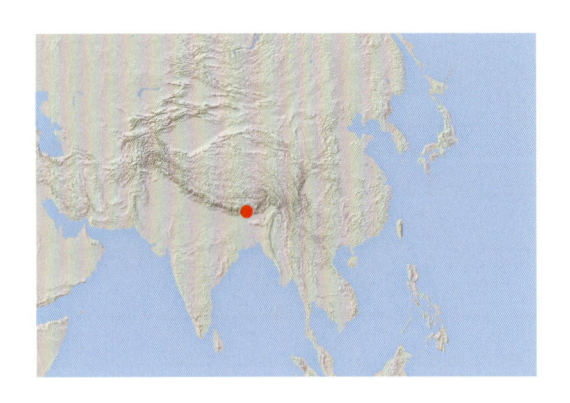

　タクツァン僧院は、標高約3000メートルの高地にあり、高さ800メートルの急峻な山肌にしがみつくように建てられている。ヒマラヤ山脈の東端に位置する山岳国家、ブータンならではの絶景だ。

　ここは8世紀にインドの聖者、グル・リンポチェがブータンに仏教を伝えた地だ。僧院名のタクツァンとは「トラのねぐら」を意味し、グル・リンポチェが雌のトラの背中に乗ってこの地に飛来したという逸話にちなんでいる。

　タクツァン僧院はブータン最高の聖地であり、多くの修行者が悟りを開いた修行の場だ。ここにはグル・リンポチェが瞑想を重ねた洞窟があり、年に1回だけ公開される。今でも巡礼者は、渓谷を上ったり下りたりしながら険しい山道をやって来る。

僧院までの山道の途中にある、大きなマニ車。ここで僧院を眺めながら休憩する人もいる。

建物の細部には精巧な彫刻が施されている。

急峻な崖に立つ僧院から、谷底をはさんで五色の祈りの旗がたなびいている。

Chapter 2　日々の祈りの場　55

SULTAN AHMED MOSQUE
優美なるブルーモスク

スルタン・アフメト・モスク（トルコ）

　「ブルーモスク」として知られるスルタン・アフメト・モスクは、何段にも重なる巨大なドームと優美なミナレット（尖塔）が見事なイスラム建築の粋だ。

　注目すべきは、世界で唯一の6本のミナレットだ。このモスクはスルタン・アフメト1世の命で1609年から建設されたが、当時6本のミナレットをもつのはメッカのモスクだけだった。イスラム教で最も神聖なモスクに対抗したという批判をかわすため、アフメト1世はメッカのモスクに7本目のミナレットを寄進したという。

　礼拝堂の内部はドームの構造が壮大な空間で、通り名の由来となった青いイズニック・タイルが白い壁に映える。その色彩は260のステンドグラスから差し込む光によって変化する。

ミナレットの本数はモスクの格を表す。スルタン・アフメト・モスクよりも多いミナレットをもつモスクは世界でもごくわずかだ。

内部に貼られた2万枚のタイルの美しい
青色から「ブルーモスク」と呼ばれる。

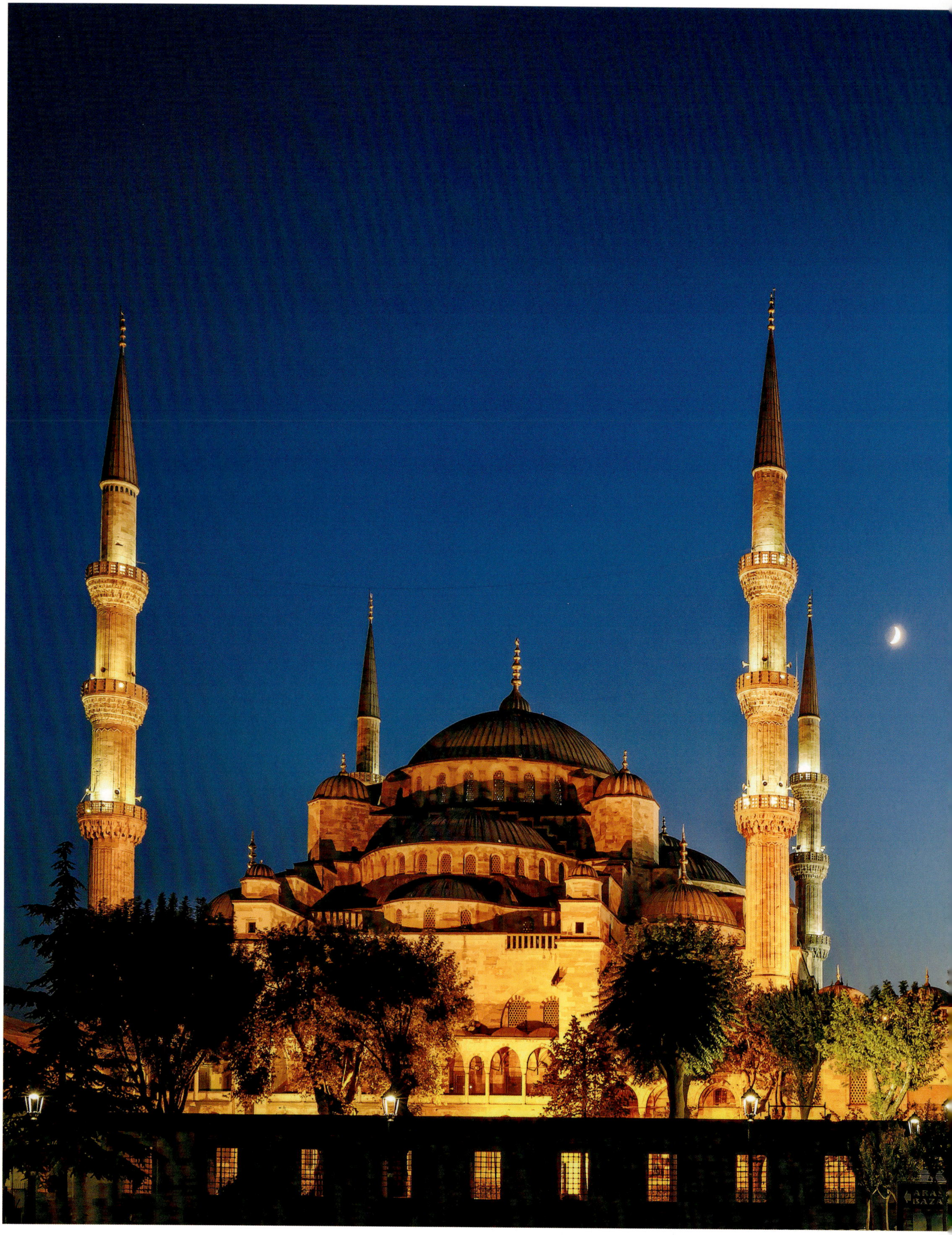

夜にはモスクがライトアップされ、イスタンブールに幻想的な雰囲気を添える。特に、断食月の時期の装飾は見事だ。

Chapter 2　日々の祈りの場　59

MONUMENTS AT MAHABALIPURAM
神の怒りで沈んだパゴダ

マハーバリプラムの海岸寺院（インド）

　ベンガル湾に面した町マハーバリプラムでは、2004年12月の津波で地元の漁師が奇跡の光景を見たという。沖へと潮が引いていくと、海の下に沈んでいた遺跡が束の間、顔を出したというのだ。津波がえぐった海岸からは、ゾウやライオンをかたどった精巧な古い彫像が現れた。

　7世紀のパッラバ朝の時代、マハーバリプラムではドラビダ様式の建築技術が発達し、精巧な石彫りや石造の寺院がつくられた。伝説では、その素晴らしさに嫉妬した神が洪水を起こし、7塔のうち6塔のパゴダが沈んだという。残った1塔が、現存する南インド最古の石造寺院である海岸寺院だ。一帯に広がる約40もの遺跡は、南インドのヒンドゥー建築を牽引した当時の栄華を伝えている。

現存する海岸寺院は、南インドで最も古い石造寺院の一つだといわれている。

7世紀中頃のパンチャ・ラタ（五つの山車）は、一つの大きな岩の塊から彫りだされた。当時の寺院の様式をよく伝えている。

巨大な一枚岩に彫られた「アルジュナの苦行」では、実物大のゾウの上を天女たちが舞い、英雄アルジュナを見守っている。

COLUMN 2 祈りと憧憬の聖地

GREAT MOSQUE OF DJENNE
世界最大の泥のモスク
（マリ）

　ジェンネの大モスクは、泥と日干しレンガでつくられた建造物としては世界最大だ。現在の建物は1907年、アフリカとイスラムの伝統を折衷したスーダン・サヘル様式で建てられた。

　日干しレンガ、もみ殻、木材、わらなどでできているが、表面が泥なので暑さでひび割れ、雨で削られていく。壁のアクセントに見えるのは、骨組みに使われているヤシ材が突き出たものだ。大モスクを維持するため、毎年、雨季の前には町中総出で泥を塗り重ねる。

LOM STAVE CHURCH
バイキングの遺産 ロム・スターブ教会
（ノルウェー）

　ノルウェーでは1000年前にキリスト教が入ってくると、スターブ教会という独特の木造教会がたくさん建てられた。バイキングの造船技術を取り入れた丈夫なノルウェーパインの板張りの建物で、30の教会が現存している。

　中でも、850年前に建てられたロムのスターブ教会は大きくて美しく、今も礼拝の場として使われている。バイキング時代を彷彿とさせる動物の彫刻が入り口に飾られ、屋根にはバイキングの船と同様に魔よけの竜頭がついている。

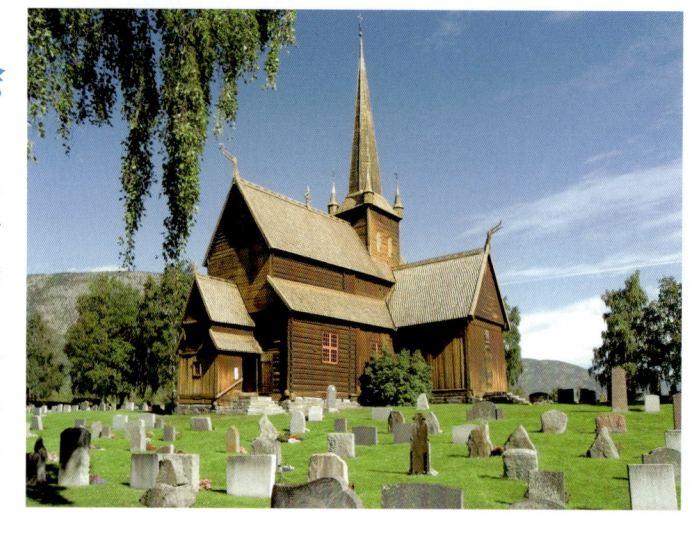

HAIDA GWAII
トーテムポールが残るハイダ・グワイ
（カナダ）

　カナダ西部のクイーン・シャーロット諸島は、近年になってハイダ・グワイと名を改められた。先住民のハイダ族の言葉で「人々の島」という意味だ。

　スカン・グワイ（アンソニー島）やクウナには、ヒマラヤスギの丸太に鳥や動物の彫刻をほどこしたトーテムポールが残り、ハイダ族の文化を知る手がかりになっている。トーテムポールは一族の血統や歴史を表す柱であり、客を歓迎し、土地の所有権を示し、墓所の役目を果たすこともあった。

ITSUKUSHIMA SHRINE
波に洗われる神域 厳島神社
（日本）

　広島湾に浮かぶ宮島は、島そのものが神として崇められてきた。宮島の波打ち際に立つ厳島神社は、御神体である島に足を踏み入れずに参拝できるように建てられたという。海上には朱塗りの大鳥居がそびえ、俗界と神域との境界を表す。満潮時にはまるで海に浮かんでいるように見える。

　神社は飛鳥時代の593年に創建されたと伝えられている。その後、1168年に平清盛によって、現在のような優雅な神殿造りの社殿が造営された。

HOLY SHRINE OF IMAM REZA
イマーム・レザー廟
（イラン）

　イランのマシュハドにあるイマーム・レザー廟は、818年に第8代イマーム（指導者）であるイマーム・レザーが殉教した場所に建てられた。シーア派イスラム教徒にとって最も大切な聖地だ。

　壮大な霊廟からは柱廊が放射状に伸び、モスクや小部屋、男性用、女性用、家族用それぞれの礼拝所の中庭に通じている。重要な祭事の前はイマームの墓をバラ水で洗うのが伝統だが、その際に払ったほこりは聖なるほこりとして信者に分け与えられる。

KYAIKHTIYO PAGODA
崖の上のゴールデン・ロック
（ミャンマー）

　落ちそうで落ちない、絶妙なバランスで崖の縁に載っている黄金の巨大な岩。多くの参拝者が訪れ、岩に貼る金箔を寄進していく。岩の上には、紀元前574年につくられたチャイティーヨー・パゴダがある。伝説では、パゴダに収められたシャカの頭髪1本の力によって、このゴールデン・ロックが崖から落ちるのを防いでいるのだという。また、いたずら好きの2人のナッ（精霊）が、チャイティーヨー山の頂上にこの岩を置いたとも伝えられている。

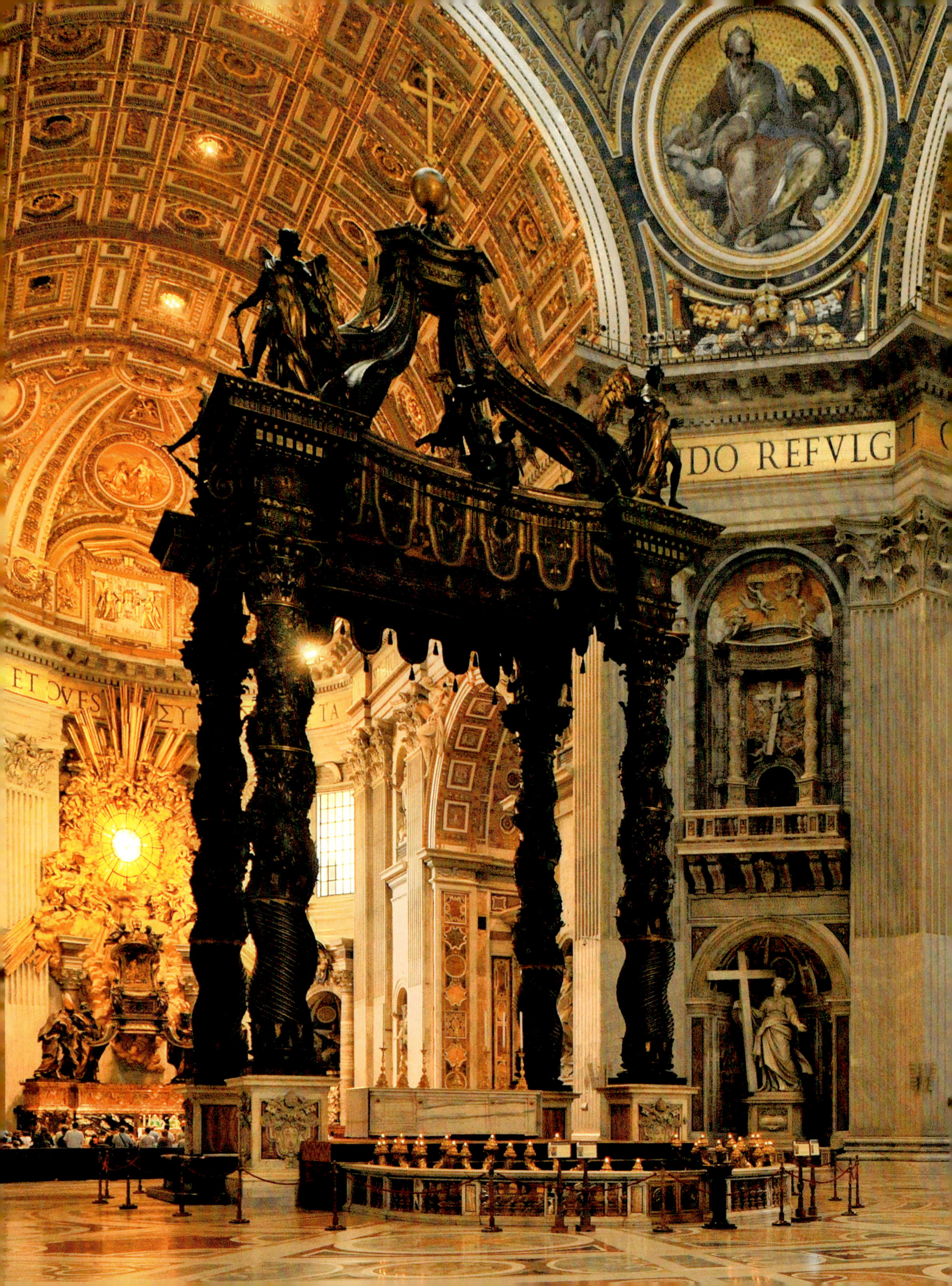
DO REFVLG
ET OVES

左　バチカン市国、サン・ピエトロ大聖堂。

CHAPTER 3
神が宿る場所

　世界各地には、人々が崇める神聖な場所が数多く存在しています。宗教上重要な出来事が起きた場所であったり、信仰の要の場所であったり、神聖な物が発見されたり、神が現れたとされる場所であったりします。

　その多くは聖地として広く信仰を集め、大きく発展していきました。人が集まり、技術の粋を集めた建物が建てられ、優れた職人や芸術家が飾り、貴石や貴金属が惜しげもなく散りばめられました。

　人々の思いとあいまって、その壮麗な姿は時代を超えて、見る者を圧倒するのです。

SAINT PETER'S BASILICA

カトリックの総本山

サン・ピエトロ大聖堂（バチカン市国）

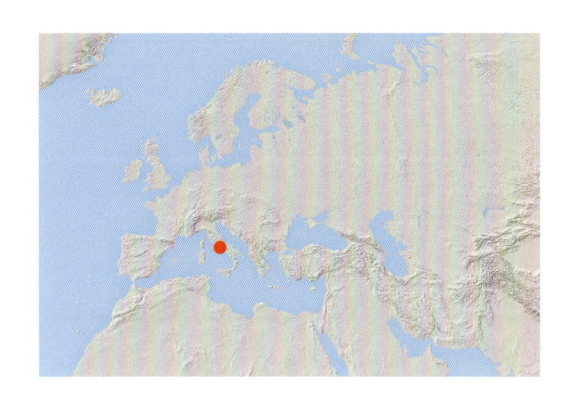

　世界で最も小さな国、バチカン市国にあるサン・ピエトロ大聖堂は、カトリック教会で最も神聖な大聖堂だ。

　建設は1506年に始まり、ミケランジェロをはじめ、ルネサンスの偉大な芸術家によって建物の設計や内部の装飾が行われた。大聖堂全体が、世界屈指の宗教芸術の宝庫といっても過言ではない。

　訪れた人はベルニーニが設計した楕円形のサン・ピエトロ広場を抜け、ミケランジェロ作の聖母子像「ピエタ」、信者に触られて足の指が摩耗した聖ペテロ像など、数々の傑作を目にするだろう。ブロンズの天蓋をもつ主祭壇の真下には、ローマ時代のネクロポリス（共同墓地）があり、初代教皇となった使徒、聖ペテロが眠っていると信じられている。

ローマから聖域へ巡礼者を導いてきたサンタンジェロ橋の向こうに、サン・ピエトロ大聖堂がそびえる。

主祭壇の上にあるドームが大聖堂の最も神聖な空間を覆っている。聖ペテロは、この真下に眠っている。

ねじれた4本の柱が目を引くブロンズの天蓋は、ベルニーニが手掛けたもの。写真は教皇フランシスコによる叙階式の様子。

ネクロポリスには聖ペテロの墓があるとされる。一方で、1953年にエルサレムのオリーブ山で発見された墓が実際の埋葬地とする説も有力だ。

多くの参拝者が聖ペテロ像の右足を触るため、すり減ってしまっている。聖ペテロはローマの最初の司祭だった。

Chapter 3　神が宿る場所

BASILICA OF SAN VITALE

初期キリスト教の様式を伝える

サン・ビターレ聖堂（イタリア）

　6世紀に創建されたラベンナのサン・ビターレ聖堂には、当時のビザンティン様式のモザイク装飾が最高の保存状態で現存する。イスタンブール以外で、これほど見事なモザイク画が残る場所はない。

　八角形の聖堂はレンガ造りの素朴な外観だが、内部に入ると目の覚めるような精巧なモザイク画に圧倒される。

　建設当時の東ローマ皇帝ユスティニアヌス1世や皇后テオドラ、あるいは廷臣たちを描いた緻密なモザイク画は傑作だ。また後陣の半ドームには、聖ビターレ（ウィタリス）にイエスが殉教者の冠を授ける場面を描いた荘厳なモザイク画がある。聖ビターレはキリスト教が迫害された時代に生き埋めにされた殉教者で、ラベンナで最も敬愛される聖人だ。

サン・ビターレ聖堂の中は、聖書の場面や聖なるモチーフを描いたモザイク画やフレスコ画で埋め尽くされている。

東ローマ皇帝ユスティニアヌスの妃テオドラと侍女たちを描いたモザイク画。

八角形のサン・ビターレ聖堂は簡素な外観だが、内部の装飾は別世界のように絢爛豪華だ。

Chapter 3　神が宿る場所

WAT PHRA KAEW

エメラルド仏を祭る王様の寺院

ワット・プラ・ケオ（タイ）

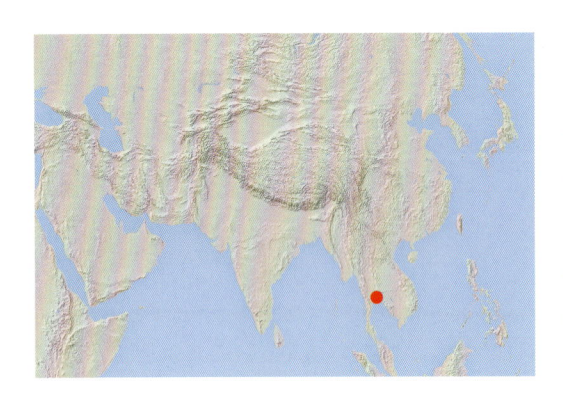

タイの王宮内にあるワット・プラ・ケオ（エメラルド寺院）には、寺の名の由来となったエメラルド仏と呼ばれるヒスイの仏像が祭られている。わずか76センチの小さな仏像だが、タイの魂ともいうべき仏として尊ばれている。

1782年、ラーマ1世がチャクリ王朝を開き、バンコクに都を置いたとき、この仏像を安置する寺を建て、タイで最も神聖な場所とした。それがこの寺の始まりだ。境内に入れば、黄金色の仏塔が光り輝き、色とりどりの建物が並ぶ様子に圧倒されるだろう。

エメラルド仏は9層の黄金の天蓋に守られて本堂に安置されている。緑色の体に黄金の法衣をまとい、年に3回、季節ごとに国王が衣替えを行う王室行事がある。

タイで最高の格式を誇る、ワット・プラ・ケオ寺院。

エメラルド仏は季節ごとに異なる黄金の法衣をまとい、丁重に安置されている。

エメラルド仏を祭る本堂は、黄金色をふんだんに使い、きらびやかに装飾されている。

Chapter 3　神が宿る場所

大きな黄金の仏舎利塔がバンコクの空にそびえる。

Umayyad Mosque

最古にして最大級のモスク

ウマイヤド・モスク（シリア）

　ウマイヤド・モスクの建設は705年、現役のモスクとしては世界最古とされる。モスクが立っていた場所は、紀元前900年にアラム人のハダド王が建てた神殿に始まり、キリスト教の聖堂などが建てられてきた歴史的な聖地だ。

　ウマイヤド・モスクは、ムハンマドが布教活動を行ったメディナの住宅を模してつくられた。歴史と伝統があるだけでなく、世界最大級のモスクの一つでもある。

　ここにはイエスに洗礼を授けた聖ヨハネの墓があるため、キリスト教徒の聖地でもある。モスク内の霊廟には、イスラム教徒に「預言者ヤフヤ」と呼ばれている、聖ヨハネの首が収められているといわれる。2013年以降、シリア内戦で大きな被害を受けている。

大理石の回廊が囲む中庭には、ミナレット（塔）や身を清めるための泉、そしてモザイクで飾られた華麗な宝物のドームがある。

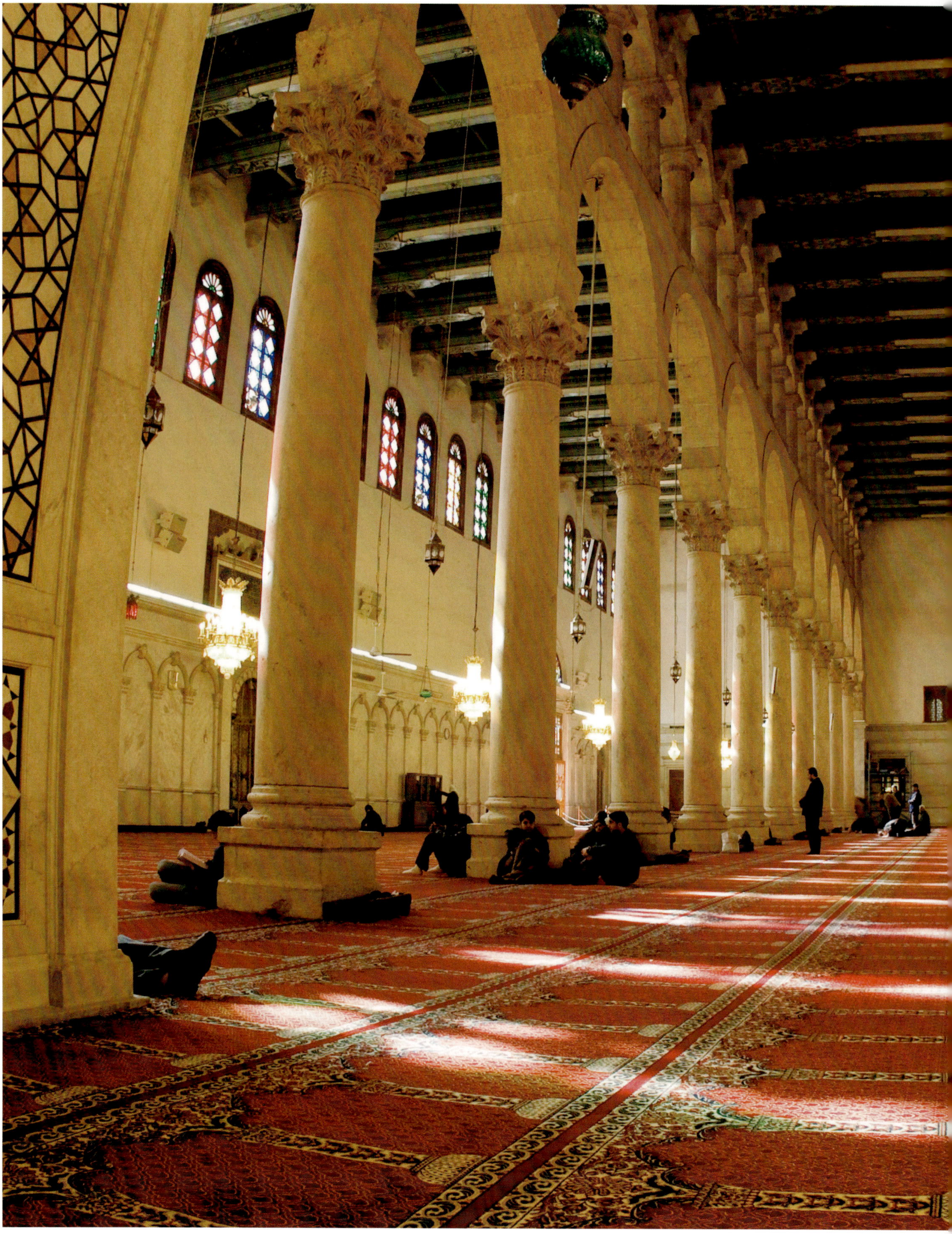

窓からの陽光が、礼拝所に敷き詰められた絨毯に注いでいる。

壁のくぼみ、ミフラーブは、祈るべきメッカの方角を示している。

Chapter 3 神が宿る場所

BASILICA OF OUR LADY OF GUADALUPE

聖母マリアの奇跡の姿

グアダルーペの聖母大聖堂（メキシコ）

　グアダルーペの聖母大聖堂には、聖母マリアの姿が焼き付いたとされる布がある。この奇跡が起きたのは、アステカがスペインに征服された10年後の1531年のことだ。伝説では、インディオの農夫、フアン・ディエゴの前に聖母マリアが現れ、彼のマントの内側にその姿が焼き付いたという。

　布に現れた聖母マリアは褐色の肌をして、青いマントをまとい、三日月の上に立っている。この肖像は、ラテンアメリカで最も崇拝されているマリア像だ。金の額に収められ、1976年に建てられた新しい大聖堂の祭壇に掲げられている。大聖堂は競技場のような外観で、5万人を収容できる広さをもつ。マリア像のある祭壇の近くでは、罪を償うためにひざまずいて進む信者の姿が見られる。

グアダルーペの聖母大聖堂は、直径100メートルのスタジアムのような巨大な建物だ。

1976年まで聖母マリア像はこの聖堂に収められていた。内部には聖母マリアを見たフアン・ディエゴの大理石の彫像がある。

聖母マリアの姿が焼き付いたといわれる布。建物のどこからでも見えるように、主祭壇の高い位置に掲げられている。

Chapter 3　神が宿る場所　79

AMRITSAR

黄金に輝くシク教の総本山

アムリトサルの黄金寺院（インド）

　巨大な四角い池の中央に、黄金色に輝く寺院が立っている。シク教の総本山、ハリマンディル・サヒーブだ。聖なる池はアムリトサル（不老不死の甘露の池）といい、寺院のある町の名前にもなっている。

　本堂にはシク教の聖典「アディ・グランタ（グル・グラント・サヒーブ）」が安置されている。昼間、信者たちは花やコインを捧げるために列をなし、境内の別の寺院に聖典が移される夕方は、聖歌を歌いながら熱心に見守る。

　寺院を訪れた人は、宗教や階級、人種や男女の区別もなく歓迎される。毎日1万人もの巡礼者が寺院の周りを囲む建物で寝泊りし、食堂でふるまわれる食事を一緒に食べる。そこにはシク教の教義の要である平等の精神が表われている。

寺院の中で、シク教の教典『グル・グラント・サーヒブ』を読む人々。通常は撮影禁止の神聖な場所だ。

参拝者は不死の池にかけられた橋を渡って黄金寺院へ向かう。

池の周りには白い大理石が敷き詰められている。花の模様などの装飾が美しい。

本堂へ向かう橋の入り口に、人々が集まる。

Chapter 3 神が宿る場所

TEMPLE COMPLEX OF PURA BUSAKIH

バリ島の信仰の源

ブサキ寺院（インドネシア）

　アグン山は、ヒンドゥー教の伝来以前から、バリの神々がすむとされる聖域だった。標高980メートルの中腹には、土着の信仰と仏教やヒンドゥー教が混交した、バリ島ヒンドゥー寺院の総本山、ブサキ寺院がある。

　ブサキ寺院はヒンドゥー教の三大神であるシバ、ビシュヌ、ブラフマを中心に祭る22の寺院で構成されている。中核となるのは破壊神シバを祭るプナタラン・アグン寺院だ。また古いものでは14世紀以来の歴史を誇る寺もあり、バリ島の信仰の根源となってきた。

　バリ島は祭りが多いことで有名だが、多くの寺が集まるブサキ寺院では1年を通じて祭礼が行われている。特に、寺院の創立祭である華やかなオダランは目にする機会が多い。

山の斜面にいくつもの寺が建てられ、周りには石畳が敷かれている。

ブサキ寺院では、神聖な色である黒色の割れ門を見ることができる。華やかな祭りの行列にでくわすことも多い。

寺院の中には、アグン山を模したメルと呼ばれる塔が立ち並ぶ。

Chapter 3 神が宿る場所 85

Column 3 　尊崇と求道の聖地

Cliff Tombs of Tana Toraja
タナ・トラジャの断崖墓地
（インドネシア）

スラウェシ島の山間部にあるタナ・トラジャ（トラジャの地）では、独特な葬送を行う風習がある。

葬式は2回行い、供物として水牛をほふる。棺は岩場の横穴に収め、故人をかたどったタウ・タウという等身大の人形を置く。特にレモ村の墓地にはタウ・タウが多く、高さ98メートルの崖に掘られたバルコニーのような穴にずらりと並ぶ奇観が見られる。ロンダ村にある二つの洞窟では、入り口近くに腐りゆく棺や骨が積まれている。

Bom Jesus da Lapa
ボン・ジェズス・ダ・ラパの洞窟
（ブラジル）

ボン・ジェズス・ダ・ラパ（ラパのよきイエス）という小さな町に、聖地となった洞窟がある。昔、フランシスコ・デ・メンドンサ・マールという遊び人が、サルバドルから何カ月も放浪した末にたどり着いた。彼はここで祈りと悔悛の隠遁生活を送り、1722年に亡くなる頃には、地元民や銀鉱掘りたちの間で奇跡を起こす者と崇められるようになっていた。今でも毎年80万人が祈りを捧げに訪れ、奉納された無数の写真や彫像が飾られている。

Western Wall
嘆きの壁
（イスラエル）

エルサレムの神殿の丘にある、長さ57メートルにわたる石積みの壁。ここは紀元前10世紀、イスラエルのソロモン王が建てたエルサレム神殿があった場所だという。その後、第二神殿として再建されたが紀元70年にローマ人によって破壊され、西側の壁だけが残った。ユダヤ教徒は神殿が失われたことを嘆き、この「西壁」は「嘆きの壁」と呼ばれるようになった。訪れた信者は壁に触れ、祈りを捧げ、願いを記した紙を壁のすき間に残していく。

Temple of the Tooth
聖なる歯を祭る 仏歯寺
（スリランカ）

1700年ほど昔の313年、ヘママラという王女によって、インドで荼毘に付されたシャカの左上の犬歯がひそかにスリランカに持ち込まれた。仏教徒はそれを仏歯と呼んで崇め、やがて「仏歯を持つ者は国を支配する」とまでいわれるほど、権威の象徴となった。16世紀の遷都の際にキャンディに移され、今でもかつての王宮の敷地内の寺に安置されている。

また仏歯寺は、年に一度行われる、聖なる歯をたたえるペラヘラ祭の華麗さでも知られている。

Trinity Lavra of St. Sergius
トローイツェ・セルギエフ修道院
（ロシア）

トローイツェ・セルギエフ修道院（至聖三者セルギー大修道院）のあるセルギエフ・ポサドの町は、ロシア正教会の故郷ともいうべき地だ。

白い城壁の中に13もの聖堂がある大修道院も、その始まりは修道士、聖セルギエフ（セルギー）が1345年に建てた小さな木造の聖堂だった。至聖三者（三位一体）に捧げる聖堂には、セルギーを慕う多くの弟子が集まり共同生活を始めた。やがて彼の定めた修道生活の規範は、ロシア中に広まっていった。

Saint Honorat Island
サントノラ島のシトー会修道院
（フランス）

レラン諸島のサントノラ島までは、カンヌからフェリーでたった数10分だ。町の喧騒から一転して、紺碧の地中海に浮かぶ穏やかな楽園のような島に到着する。

ここでは現在、数10名の修道士たちがブドウやラベンダーを育てながら、労働と祈りの暮らしを送っている。サントノラ島に修道院が創建されたのは427年。聖オノラトゥス（フランス語でサントノラトゥス）と彼を慕う弟子たちが隠遁生活を送った。島の名前は彼に由来する。

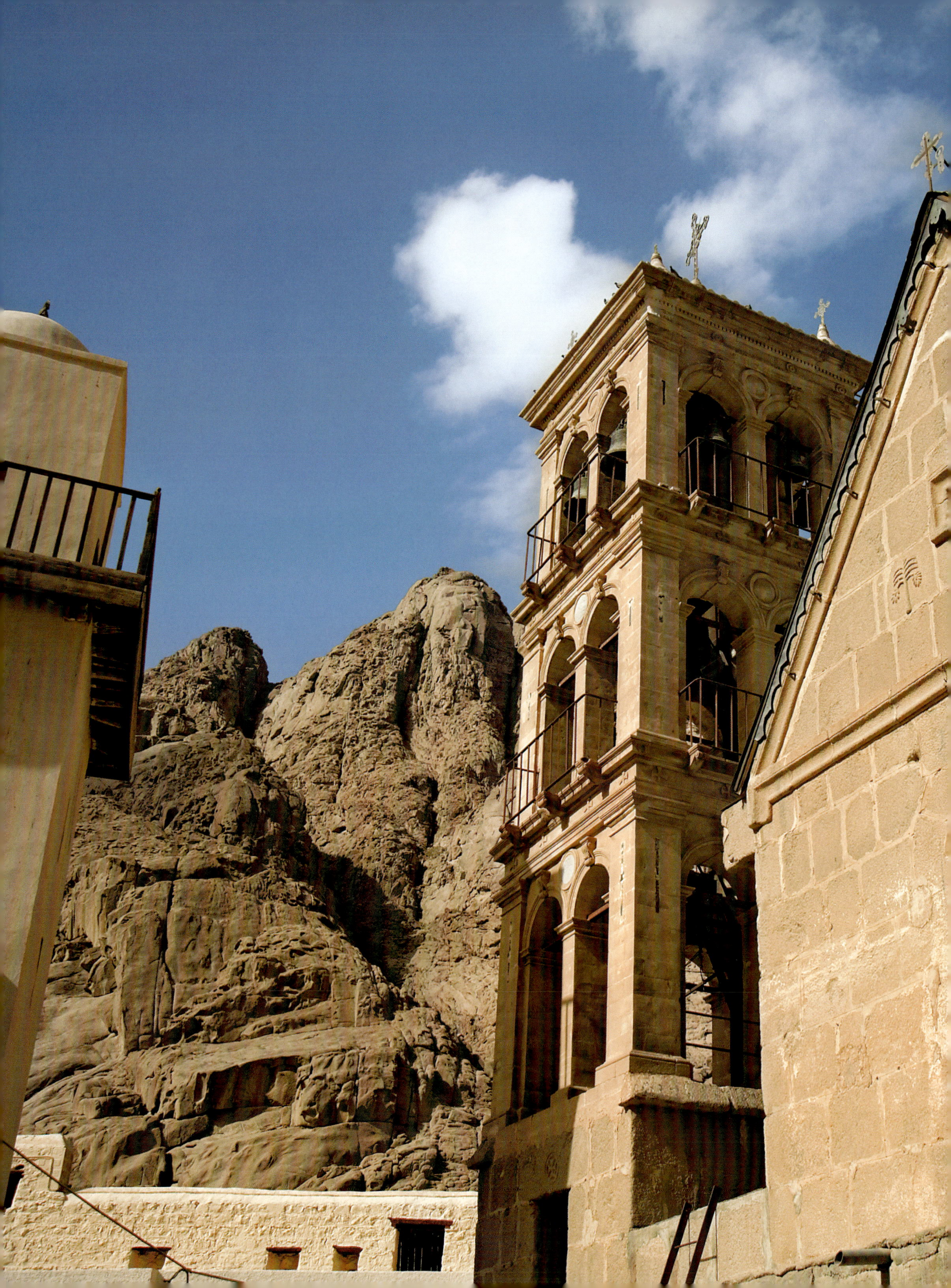

左　エジプト、シナイ半島にぽつんと立つ聖カタリナ修道院。

CHAPTER 4
巡礼の徒と修道の徒

　人が聖地を訪ねる理由はさまざまです。何かの成就を願うため、一生に一度の責務のため、功徳を積むため。いにしえから巡礼がおとずれてきた聖地は、ご利益が期待できる場所が多いようです。
　さらに自分自身の信仰を深めるため、あるいは道を極めるため、修行の道に入る人がいます。世俗とはまた違った世界が存在する修道院や僧院は、一方で信仰の形式がよく残されている場でもあります。
　救いを求めて、あるいは期待を抱いて人がおとずれる場所は、静謐な美しさに満ちているのです。

Saint Catherine's Monastery
ムハンマドに守られた修道院

シナイ山のふもとに、花崗岩の高い壁に囲まれて、6世紀から存続する聖カタリナ修道院がある。

聖カタリナ修道院（エジプト）

　シナイ山は、モーセが神と出合ったとされる聖地だ。
　「出エジプト記」によれば、燃えるシバの中から神の声が聞こえ、モーセにイスラエルの民を連れてエジプトから脱出するように命じたという。その場所に「燃えるシバの教会」が建てられ、6世紀には東ローマ皇帝の命令で、教会を囲む高い壁を巡らして、ギリシャ正教会の聖カタリナ修道院がつくられた。正式名は「キリスト変容の修道院」という。
　ここには殉教者、聖カタリナの頭蓋骨と左手だと伝わる聖遺物があるだけではない。図書館にはバチカンに次いで多くの聖所の写本を収蔵する。ムハンマドが修道院の保護を誓ったという約束の手紙も保存され、修道院や貴重な所蔵品を今日まで守ってきた。

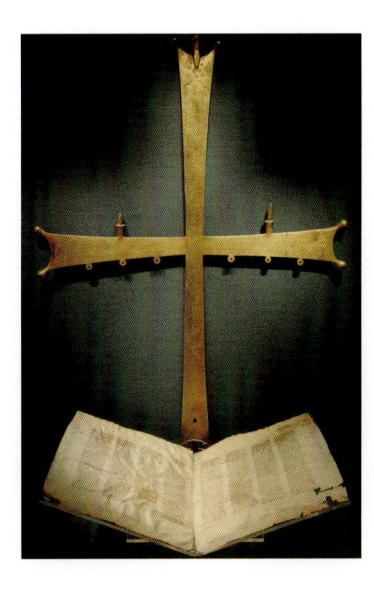

修道院に保管されている、現存する最古の新約聖書の写本、「シナイ写本」。350年頃、ギリシャ語で書かれたものだ。

Chapter 4　巡礼の徒と修道の徒

侵略を免れたため、古いモザイク画やイコン、彩色写本など、キリスト教にまつわる貴重な宝物が残されている。

LABRANG MONASTERY
活仏が住んだ大僧院

ラブラン寺（中国）

ラブラン寺はチベット仏教の最大宗派であるゲルク派（黄帽派）の寺院だ。黄帽派という名称は僧たちがかぶる独特の黄色い三日月帽に由来している。

ここはかつて4000人もの僧侶が暮らした大僧院だった。最盛期にはチベット仏教で活仏と呼ばれ、仏の転生者とみなされる高僧が数百人の規模でいた。苦難の時代を経て、今では数百人の修行僧が信仰に即した生活を守っている。チベット仏教を体系的に学べる六つの学院は今も健在だ。3000人の僧侶が座れる6階建ての大経堂には多くの僧が集まる。

寺院の周りには全長3キロにも及ぶ回廊が設けられ、膨大な数のマニ車が並ぶ。巡礼者は時計回りに進みながらマニ車を回し、「オム・マニ・パドメ・フム」と唱えながら歩いて、功徳を積む。

巡礼者が歩きながら回廊のマニ車を回していく。マニ車を1回転させると、中に入っている経文全部を唱えたのと同じ意味があるとされる。

3000人の僧が座れる広さの大経堂に、赤い袈裟のマニ僧が集まっている。

建物の内部にはきらびやかな仏像が祭られている。

甘粛省の甘南チベット自治州で、チベット仏教の信仰を守るラブラン寺。境内には多くの僧坊がある。

Chapter 4　巡礼の徒と修道の徒　95

MECCA
年間200万人が巡礼に訪れる

メッカ（サウジアラビア）

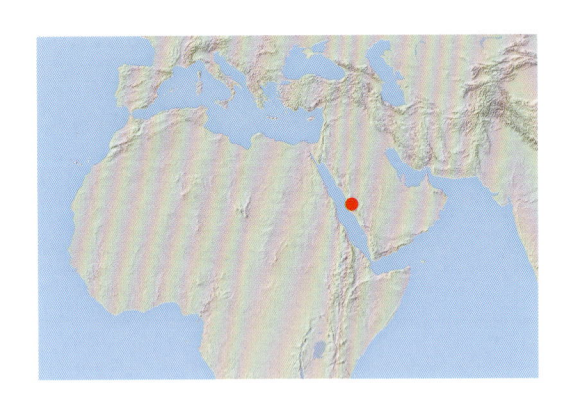

　イスラム教における最高の聖地メッカ。イスラム教徒は1日に5回、メッカの方角に向かって礼拝する。そして一生に一度はメッカへの巡礼（ハッジ）を行わねばならない。年に一度のハッジの時期には、世界中から数百万人がこの地を訪れる。

　信者が目指すのはカアバ神殿だ。アルハラム・モスクの中心にある花崗岩でできた立方体で、金の糸で刺繍された黒い布で覆われている。巡礼者はハッジの始まりと終わりに、神殿の周りを7周する儀式を行う。

　メッカは570年にこの地で開祖ムハンマドが誕生する以前からの聖地であり、神殿の創建には旧約聖書に登場するアダムやアブラハムが深く関わったという。ハッジの期間、信者は羊の供犠などを行い、アブラハムの苦難をしのぶ。

普段でも巡礼でごった返すが、ハッジの時期は、世界中からイスラム教徒がメッカのカアバ神殿を目指してやって来る。

カアバ神殿を覆う黒い布は、聖なる言葉が金糸で刺繍されている。

アルハラム・モスクにあるザムザムの泉。湧き出す聖水は、のどの渇きだけでなく空腹を満たし、病を癒すと伝えられる。

カアバ神殿の周囲を囲む、アルハラム・モスクの内部。
エアコンはもちろん、近代的な設備が整っている。

MONT-SAINT-MICHEL
小島に築いた驚異の修道院

モン・サン・ミシェル（フランス）

　フランス北部、ノルマンディー地方の沖合にあるモン・サン・ミシェル。海に浮かぶ小島にカトリックの修道院がそびえ立つ風景は神秘的だ。ここには1000年もの昔から、大天使ミカエル（サン・ミシェル）の恩恵を求めてミケロと呼ばれる巡礼者が訪れる。

　修道院は11世紀初めに始まり、増改築を繰り返して現在のような堂々たる姿となった。13世紀には、ラ・メルベイユ（驚異）と呼ばれる、ゴシック様式の3層構造の居住空間がつくられた。フランス革命後の一時期は監獄として使われたが、19世紀後半に修道院としてよみがえった。

　9月29日のミカエル祭には、何千人という巡礼が、昔ながらの方法で3キロも歩いて潮の引いた干潟を渡り、修道院を目指す。

モン・サン・ミシェルの城壁の外にあるサン・トベール礼拝堂。

かつて巡礼が歩いて渡ったサン・マロ湾は、潮の干満の差が激しく、潮位差は15メートルにもなる。

Lalibela Rock Churches
岩盤をくり抜いてつくられた聖地

岩盤を十字架の形にくり抜いてつくられたベテ・ギョルギス教会。

ラリベラの岩窟教会群（エチオピア）

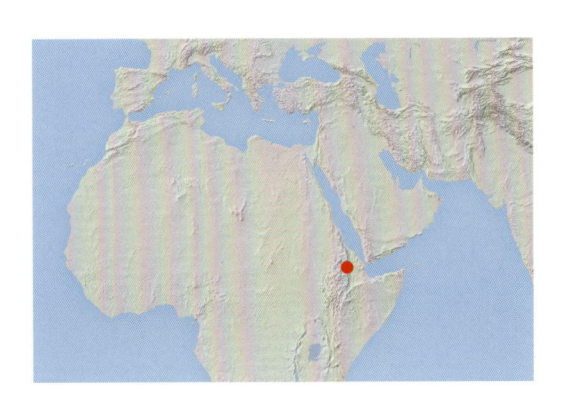

　エチオピアの山あいに、なだらかな斜面の岩盤を掘り抜いてつくられた教会が、赤い火山岩の岩肌を見せて並んでいる。エチオピア正教の聖地、ラリベラだ。

　中でもすばらしいのは、聖ギョルギス教会だ。岩盤を地表から11メートルの深さまで掘り下げ、十字架の形の建物を削り出している。やはり岩をくり抜いてつくられた内部には、エチオピアの守護聖人である聖ゲオルギウスがドラゴンを倒す場面を描いた絵がある。

　伝説では、今から800年前に敬虔なキリスト教徒だったラリベラ王が、夢の中で聖ゲオルギオスに会い、この地に第二のエルサレムをつくろうとして建設を始めたという。ただ建造の時期には諸説あり、7世紀までさかのぼるとの研究結果もある。

クリスマスや復活祭、ティムケット祭（公現祭）など、キリスト教のセレモニーはエチオピア歴に基づき、荘厳かつ盛大に行われる。

Chapter 4　巡礼の徒と修道の徒

ラリベラの教会群は、岩肌の赤い火山岩をくり抜いてつくられた。内部は壁画や彫刻で彩られている。

CHARTRES CATHEDRAL
聖母マリア信仰の巡礼地

シャルトル大聖堂（フランス）

　パリの南西にある町、シャルトルでは古くから聖母マリアが信仰されていた。この町が多くの信者を集めたのは、876年にカール大帝から「サンクタ・カミシア（聖衣）」を贈られたという伝説に始まる。これはイエスが生まれたときに聖母マリアがまとっていた外衣だと伝えられた。この聖遺物を参拝しようと多くの巡礼が訪れ、シャルトル大聖堂はフランスのマリア崇拝で重要な聖地となった。

　1260年に献堂式を行った大聖堂は、格調高いゴシック建築の代表例といわれる。ファサードのバラ窓と、二つの非対称な尖塔が印象的だ。さらに貴重なステンドグラスの宝庫でもあり、総面積2600平方メートルにもおよぶステンドグラスが神聖な空間を彩る。

シャルトル大聖堂は、中世ヨーロッパのカトリックの大聖堂の中で最も保存状態が良い建物の一つ。

106

床には象眼細工で描かれた迷路がある。巡礼者はこの「エルサレムの道」を歩いたり、膝をついてはったりして、天国への到達を目指す。

シャルトル大聖堂は中世のステンドグラスの宝庫。創建時の186枚のステンドグラスのうち、152枚が残る。

Chapter 4　巡礼の徒と修道の徒　107

CATEDRAL DE SANTIAGO DE COMPOSTELA & WAY OF ST. JAMES

ヨーロッパ最長の巡礼路

サンティアゴ・デ・コンポステーラと巡礼路（スペイン）

　スペイン北西部の町、サンティアゴ・デ・コンポステーラの大聖堂には、キリストの12使徒の一人、聖ヤコブが埋葬されているといわれる。大聖堂への巡礼は中世より1200年近い伝統があり、ヨーロッパ各地から何本もの巡礼路が通じている。

　主なルートでは、ピレネー山脈を超え、「牛追い祭り」で有名なパンプロナ、中世の大聖堂やテンプル騎士団の城で知られるブルゴス、レオン、ポンフェラダなどの町を経てスペイン北西部に到達する。

　今でも多くの巡礼者が、聖ヤコブのシンボルであるホタテガイの貝殻を身につけて目的地を目指す。ついにサンティアゴ・デ・コンポステーラ大聖堂のバロック式の尖塔が見えたとき、巡礼者は無上の喜びを味わうのだ。

大聖堂から少し西の町プエンテ・ラ・レイナでは、フランス方面とアラゴン方面から来た巡礼者が、11世紀の美しい橋を渡って合流する。

サンティアゴ・デ・コンポステーラ大聖堂には、イベリア半島にキリスト教を広めたとされる聖ヤコブが祀られている。

ブルゴスの大聖堂はスペインを代表するゴシック建築。13世紀に着工し、16世紀に完成した。18の礼拝堂それぞれに特徴がある。

ブルゴスの西に位置するレオンの大聖堂は、スペイン屈指のステンドグラスを誇る。

Chapter 4 巡礼の徒と修道の徒

写真クレジット

National Geographic Creative
13 TRAVIS DOVE/ 36上 TINO SORIANO/ 54 JASON EDWARDS/ 63中 JAMES P. BLAIR/ 66-67 MIKE THEISS/ 88-89 MATT MOYER/ 90-91 MARTIN GRAY/ 91 KENNETH GARRETT/ 102-103 GEORGE STEINMETZ

PPS通信社
1 Alamy/ 2-3 Superstock/ 6-7 Alamy/ 8 Bridgeman/ 9 Lessing/ 10上 Alamy, 下 Alamy/ 10-11 AGE/ 12 Rex/ 14 Education Images/ 15上 Alamy, 下左 Alamy, 下右 Rex/ 16 安部光雄/ 16-17 AGE/ 18 Alamy/ 18-19 Otto Stadler/ 20 Tao Images/ 21上 Alamy, 下 Tao Images/ 22 Photoshot/ 22-23 Alamy/ 24上 AGE, 下左 Alamy, 下右 Alamy/ 25 Rex/ 26-27 AGE/ 27上 AGE, 下 AGE/ 28左 Photoshot, 右 Alamy/ 29 Alamy/ 30上 Alamy, 中 AGE, 下 AGE/ 31上 Lessing, 中 AGE, 下 Alamy/ 32-33 Alamy/ 34-35 Alamy/ 35上 AGE, 中 Photoshot/ 36 Alamy/ 36-37 AGE/ 38 AGE/ 39上 Photoshot, 下 Tao Images/ 40 Photoshot/ 40-41 Tao Images/ 41 Alamy/ 42上 Bridgeman, 下 Bridgeman/ 43 Bridgeman/ 44 Rex/ 45 DeA Picture Library/ 46 AGE/ 47 Bridgeman/ 48上 Alamy, 下 AGE/ 49 Rex/ 50 Rex/ 51 Rex/ 52 Tibor Bognar/ 53上 Lessing, 下 Lessing/ 55 Alamy/ 54-55 Photoshot/ 56 Bridgeman/ 57 Rex/ 58-59 AGE/ 60-61 AGE/ 61上 Rex, 中 Alamy/ 62上 Alamy, 中 Alamy, 下 Alamy/ 63上 イメージアイ, 下 Alamy/ 64-65 Alamy/ 66 AGE/ 68-69 Rex/ 69上 Rex, 下 Alamy/ 70 Alamy/ 71上 Bridgeman, 下 Superstock/ 72左 Photoshot, 右 Jan Halaska/ 73 後藤昌美/ 74 Alamy/ 75 Alamy/ 76-77 Alamy/ 77 Alamy/ 78 AGE/ 79上 AGE, 下 AGE/ 80-81 AGE/ 81 Alamy/ 82 Alamy/ 82-83 Alamy/ 84 Alamy/ 84-85 Alamy/ 85 Alamy/ 86上 AGE, 中 Alamy, 下 AKG/ 87上 Alamy, 中 AGE, 下 AGE/ 92 Alamy/ 93 Alamy/ 94-95 Alamy/ 95上 Alamy, 下 Alamy/ 96-97 Alamy/ 98 Alamy/ 99上 Alamy, 下 AGE/ 100 George Gerster/ 101 Alamy/ 103 Alamy/ 104 Alamy/ 105 Alamy/ 106-107 Alamy/ 107 Bridgeman/ 108 AGE/ 108-109 Photoshot/ 110 AGE/ 111 AGE

ナショナル ジオグラフィック協会は、米国ワシントンD.C.に本部を置く、世界有数の非営利の科学・教育団体です。

1888年に「地理知識の普及と振興」をめざして設立されて以来、1万件以上の研究調査・探検プロジェクトを支援し、「地球」の姿を世界の人々に紹介しています。

ナショナル ジオグラフィック協会は、世界の41言語で発行される月刊誌「ナショナル ジオグラフィック」のほか、雑誌や書籍、テレビ番組、インターネット、地図、さらにさまざまな教育・研究調査・探検プロジェクトを通じて、世界の人々の相互理解や地球環境の保全に取り組んでいます。日本では、日経ナショナル ジオグラフィック社を設立し、1995年4月に創刊した「ナショナル ジオグラフィック日本版」をはじめ、DVD、書籍などを発行しています。

ナショナル ジオグラフィック日本版のホームページ
nationalgeographic.jp

ナショナル ジオグラフィック日本版のホームページでは、音声、画像、映像など多彩なコンテンツによって、「地球の今」を皆様にお届けしています。

ナショナル ジオグラフィック
世界の美しい聖地
2014年10月22日　第1版1刷

編著	ナショナル ジオグラフィック
編集	武内太一　葛西陽子
編集協力	越智理奈
デザイン	永松大剛（BUFFALO.GYM）
発行者	伊藤達生
発行	日経ナショナル ジオグラフィック社　〒108-8646　東京都港区白金1-17-3
発売	日経BPマーケティング
印刷・製本	大日本印刷

ISBN978-4-86313-296-2
Printed in Japan
©Nikkei National Geographic 2014
©National Geographic Society 2014
©2014 日経ナショナル ジオグラフィック社

本書の無断複写・複製（コピー等）は著作権法上の例外を除き、禁じられています。購入者以外の第三者による電子データ化及び電子書籍化は、私的使用を含め一切認められておりません。